楞严经

中国佛学经典宝藏

78

李富华 释译

星云大师总监修

人民东方出版传媒

东方出版社

总序

星云

自读首楞严，从此不尝人间糟糠味；

认识华严经，方知已是佛法富贵人。

诚然，佛教三藏十二部经有如暗夜之灯炬、苦海之宝筏，为人生带来光明与幸福，古德这首诗偈可说一语道尽行者阅藏慕道、顶戴感恩的心情！可惜佛教经典因为卷帙浩瀚、古文艰涩，常使忙碌的现代人有义理远隔、望而生畏之憾，因此多少年来，我一直想编纂一套白话佛典，以使法雨均沾，普利十方。

一九九一年，这个心愿总算有了眉目。是年，佛光山在中国大陆广州市召开"白话佛经编纂会议"，将该套丛书定名为《中国佛教经典宝藏》①。后来几经集思广

---

① 编者注：《中国佛教经典宝藏》丛书，大陆出版时改为《中国佛学经典宝藏》丛书。

益，大家决定其所呈现的风格应该具备下列四项要点：

一、启发思想：全套《中国佛教经典宝藏》共计百余册，依大乘、小乘、禅、净、密等性质编号排序，所选经典均具三点特色：

1. 历史意义的深远性

2. 中国文化的影响性

3. 人间佛教的理念性

二、通顺易懂：每册书均设有原典、注释、译文等单元，其中文句铺排力求流畅通顺，遣词用字力求深入浅出，期使读者能一目了然，契入妙谛。

三、文简意赅：以专章解析每部经的全貌，并且搜罗重要的章句，介绍该经的精神所在，俾使读者对每部经义都能透彻了解，并且免于以偏概全之谬误。

四、雅俗共赏：《中国佛教经典宝藏》虽是白话佛典，但亦兼具通俗文艺与学术价值，以达到雅俗共赏、三根普被的效果，所以每册书均以题解、源流、解说等章节，阐述经文的时代背景、影响价值及在佛教历史和思想演变上的地位角色。

兹值佛光山开山三十周年，诸方贤圣齐来庆祝，历经五载、集二百余人心血结晶的百余册《中国佛教经典宝藏》也于此时隆重推出，可谓意义非凡，论其成就，则有四点可与大家共同分享：

一、**佛教史上的开创之举**：民国以来的白话佛经翻译虽然很多，但都是法师或居士个人的开示讲稿或零星的研究心得，由于缺乏整体性的计划，读者也不易窥探佛法之堂奥。有鉴于此，《中国佛教经典宝藏》丛书突破窠臼，将古来经律论中之重要著作，做有系统的整理，为佛典翻译史写下新页！

二、**杰出学者的集体创作**：《中国佛教经典宝藏》丛书结合中国大陆北京、南京各地名校的百位教授、学者通力撰稿，其中博士学位者占百分之八十，其他均拥有硕士学位，在当今出版界各种读物中难得一见。

三、**两岸佛学的交流互动**：《中国佛教经典宝藏》撰述大部分由大陆饱学能文之教授负责，并搜录台湾教界大德和居士们的论著，借此衔接两岸佛学，使有互动的因缘。编审部分则由台湾和大陆学有专精之学者从事，不仅对中国大陆研究佛学风气具有带动启发之作用，对于台海两岸佛学交流更是帮助良多。

四、**白话佛典的精华集萃**：《中国佛教经典宝藏》将佛典里具有思想性、启发性、教育性、人间性的章节做重点式的集萃整理，有别于坊间一般"照本翻译"的白话佛典，使读者能充分享受"深入经藏，智慧如海"的法喜。

今《中国佛教经典宝藏》付梓在即，吾欣然为之作序，并借此感谢慈惠、依空等人百忙之中，指导编修；吉广舆等人奔走两岸，穿针引线；以及王志远、赖永海等大陆教授的辛勤撰述；刘国香、陈慧剑等台湾学者的周详审核；满济、永应等"宝藏小组"人员的汇编印行。他们的同心协力，使得这项伟大的事业得以不负众望，功竟圆成！

《中国佛教经典宝藏》虽说是大家精心擘划、全力以赴的巨作，但经义深邃，实难尽备；法海浩瀚，亦恐有遗珠之憾；加以时代之动乱，文化之激荡，学者教授于契合佛心，或有差距之处。凡此失漏必然甚多，星云谨以愚诚，祈求诸方大德不吝指正，是所至祷。

一九九六年五月十六日于佛光山

原版序
敲门处处有人应

慈惠

　　《中国佛教经典宝藏》是佛光山继《佛光大藏经》之后，推展人间佛教的百册丛书，以将传统《大藏经》精华化、白话化、现代化为宗旨，力求佛经宝藏再现今世，以通俗亲切的面貌，温渥现代人的心灵。

　　佛光山开山三十年以来，家师星云上人致力推展人间佛教，不遗余力，各种文化、教育事业蓬勃创办，全世界弘法度化之道场应机兴建，蔚为中国现代佛教之新气象。这一套白话精华大藏经，亦是大师弘教传法的深心悲愿之一。从开始构想、擘划到广州会议落实，无不出自大师高瞻远瞩之眼光，从逐年组稿到编辑出版，幸赖大师无限关注支持，乃有这一套现代白话之大藏经问世。

　　这是一套多层次、多角度、全方位反映传统佛教文化的丛书，取其精华，舍其艰涩，希望既能将《大藏经》

深睿的奥义妙法再现今世，也能为现代人提供学佛求法的方便舟筏。我们祈望《中国佛教经典宝藏》具有四种功用：

一、是传统佛典的精华书

中国佛教典籍汗牛充栋，一套《大藏经》就有九千余卷，穷年皓首都研读不完，无从赈济现代人的枯槁心灵。《宝藏》希望是一滴浓缩的法水，既不失《大藏经》的法味，又能有稍浸即润的方便，所以选择了取精用弘的摘引方式，以舍弃庞杂的枝节。由于执笔学者各有不同的取舍角度，其间难免有所缺失，谨请十方仁者鉴谅。

二、是深入浅出的工具书

现代人离古愈远，愈缺乏解读古籍的能力，往往视《大藏经》为艰涩难懂之天书，明知其中有汪洋浩瀚之生命智慧，亦只能望洋兴叹，欲渡无舟。《宝藏》希望是一艘现代化的舟筏，以通俗浅显的白话文字，提供读者遨游佛法义海的工具。应邀执笔的学者虽然多具佛学素养，但大陆对白话写作之领会角度不同，表达方式与台湾有相当差距，造成编写过程中对深厚佛学素养与流畅白话语言不易兼顾的困扰，两全为难。

三、是学佛入门的指引书

佛教经典有八万四千法门，门门可以深入，门门是无限宽广的证悟途径，可惜缺乏大众化的入门导览，不易寻觅捷径。《宝藏》希望是一支指引方向的路标，协助十方大众深入经藏，从先贤的智慧中汲取养分，成就无上的人生福泽。

四、是解深入密的参考书

佛陀遗教不仅是亚洲人民的精神归依，也是世界众生的心灵宝藏。可惜经文古奥，缺乏现代化传播，一旦庞大经藏沦为学术研究之训诂工具，佛教如何能扎根于民间？如何普济僧俗两众？我们希望《宝藏》是百粒芥子，稍稍显现一些须弥山的法相，使读者由浅入深，略窥三昧法要。各书对经藏之解读诠释角度或有不足，我们开拓白话经藏的心意却是虔诚的，若能引领读者进一步深研三藏教理，则是我们的衷心微愿。

大陆版序一

（签名）

  《中国佛教经典宝藏》是一套对主要佛教经典进行精选、注译、经义阐释、源流梳理、学术价值分析，并把它们翻译成现代白话文的大型佛学丛书，成书于二十世纪九十年代，由台湾佛光文化事业有限公司出版，星云大师担任总监修，由大陆的杜继文、方立天以及台湾的星云大师、圣严法师等两岸百余位知名学者、法师共同编撰完成。十几年来，这套丛书在两岸的学术界和佛教界产生了巨大的影响，对研究、弘扬作为中国传统文化重要组成部分的佛教文化，推动两岸的文化学术交流发挥了十分重要的作用。

  《中国佛学经典宝藏》则是《中国佛教经典宝藏》的简体字修订版。之所以要出版这套丛书，主要基于以下的考虑：

  首先，佛教有三藏十二部经、八万四千法门，典籍浩瀚，博大精深，即便是专业研究者，穷其一生之精力，恐也难阅尽所有经典，因此之故，有"精选"之举。

其次，佛教源于印度，汉传佛教的经论多译自梵语；加之，代有译人，版本众多，或随音，或意译，同一经文，往往表述各异。究竟哪一种版本更契合读者根机？哪一个注疏对读者理解经论大意更有助益？编撰者除了标明所依据版本外，对各部经论之版本和注疏源流也进行了系统的梳理。

再次，佛典名相繁复，义理艰深，即便识得其文其字，文字背后的义理，诚非一望便知。为此，注译者特地对诸多冷僻文字和艰涩名相，进行了力所能及的注解和阐析，并把所选经文全部翻译成现代汉语。希望这些注译，能成为修习者得月之手指、渡河之舟楫。

最后，研习经论，旨在借教悟宗、识义得意。为了将其思想义理和现当代价值揭示出来，编撰者对各部经论的篇章品目、思想脉络、义理蕴涵、学术价值等所做的发掘和剖析，真可谓殚精竭虑、苦心孤诣！当然，佛理幽深，欲入其堂奥、得其真义，诚非易事！我们不敢奢求对于各部经论的解读都能鞭辟入里，字字珠玑，但希望能对读者的理解经义有所启迪！

习近平主席最近指出："佛教产生于古代印度，但传入中国后，经过长期演化，佛教同中国儒家文化和道家文化融合发展，最终形成了具有中国特色的佛教文化，给中国人的宗教信仰、哲学观念、文学艺术、礼仪习俗等留下了深刻影响。"如何去研究、传承和弘扬优秀佛教文化，是摆在我们面前的一个重要课题，人民东方出版传媒有限公司拟对繁体字版的《中国佛教经典宝藏》进行修订，并出版简体字版的《中国佛学经典宝藏》，随喜赞叹，寥寄数语，以叙因缘，是为序。

二〇一六年春于南京大学

大陆版序二

依空

　　身材高大、肤色白皙、擅长军事的亚利安人，在公元前四千五百多年从中亚攻入西北印度，把当地土著征服之后，为了彻底统治这里的人民，建立了牢不可破的种姓制度，创造了无数的神祇，主要有创造神梵天、破坏神湿婆、保护神毗婆奴。人们的祸福由梵天决定，为了取悦梵天大神，需要透过婆罗门来沟通，因为他们是从梵天的口舌之中生出，懂得梵天的语言——繁复深奥的梵文，婆罗门阶级是宗教祭祀师，负责教育，更掌控了神与人之间往来的话语权。四种姓中最重要的是刹帝利，举凡国家的政治、经济、军事、文化等等都由他们实际操作，属贵族阶级，由梵天的胸部生出。吠舍则是士农工商的平民百姓，由梵天的膝盖以上生出。首陀罗则是被踩在梵天脚下的土著。前三者可以轮回，纵然几世轮转都无法脱离原来种姓，称为再生族；首陀罗则连轮回的因缘都没有，为不生族，生生世世为首陀罗，子孙也倒霉跟着宿命，无法改变身份。相对于此，贱民比首陀罗更为卑微、低贱，连四种姓都无法跻身其中，只能从事挑粪、焚化尸体等最卑贱、龌龊的工作。

出身于高贵种姓释迦族的悉达多太子，为了打破种姓制度的桎梏，舍弃既有的优越族姓，主张一切众生皆平等，成正等觉，创立了佛教僧团。为了贯彻佛教的平等思想，佛陀不仅先度首陀罗身份的优婆离出家，后度释迦族的七王子，先入山门为师兄，树立僧团伦理制度。佛陀更严禁弟子们用贵族的语言——梵文宣讲佛法，而以人民容易理解的地方口语来演说法义，这就是巴利文经典的滥觞。佛陀认为真理不应该是属于少数贵族、知识分子的专利或装饰，而应该更贴近普罗大众，属于平民百姓共有共知。原来佛陀早就在推动佛法的普遍化、大众化、白话化的伟大工作。

佛教从西汉哀帝末年传入中国，历经东汉、魏晋南北朝、隋唐的漫长艰巨的译经过程，加上历代各宗派祖师的著作，积累了庞博浩瀚的汉传佛教典籍。这些经论义理深奥隐晦，加以书写的语言文字为千年以前的古汉文，增加现代人阅读的困难，只能望着汗牛充栋的三藏十二部扼腕慨叹，裹足不前。

如何让大众轻松深入佛法大海，直探佛陀本怀？佛光山开山宗长星云大师乃发起编纂《中国佛教经典宝藏》。一九九一年，先在大陆广州召开"白话佛经编纂会议"，订定一百本的经论种类、编写体例、字数等事项，礼聘中国社科院的王志远教授、南京大学的赖永海教授分别为中国大陆北方与南方的总联络人，邀请大陆各大学的佛教学者撰文，后来增加台湾部分的三十二本，是为一百三十二册的《中国佛教经典宝藏精选白话版》，于一九九七年，作为佛光山开山三十周年的献礼，隆重出版。

六七年间我个人参与最初的筹划，多次奔波往来于大陆与台湾，小心谨慎带回作者原稿，印刷出版、营销推广。看到它成为佛教徒家中的传家宝藏，有心了解佛学的莘莘学子的入门指南书，为星云大师监修此部宝藏的愿心深感赞叹，既上契佛陀"佛法不舍一众"的慈悲本怀，更下启人间佛教"普世益人"的平等精神。尤其可喜者，欣闻现大陆出版方东方出版社潘少平总裁、彭明哲副总编亲自担纲筹划，组织资深编辑精校精勘；更有旅美企业家鲁彼德先生事业有成之际，秉"十方来，十方去，共成十方事"之襟怀，促成简体字版《中国佛学经典宝藏》的刊行。今付梓在即，是为序，以表随喜祝贺之忱！

二〇一六年元月

目　录

楞严经的传译

《大佛顶如来密因修证了义诸菩萨万行首楞严经》略称曰《楞严经》，又称《首楞严经》《大佛顶首楞严经》等。

此经是在我国唐代中叶译出并开始流行的。我国唐代著名的佛经目录学家智升，在其所著《开元释教录》和《续古今译经图记》中都记载了此经。在智升的记载中称：此经是唐中宗神龙元年（公元七〇五年）五月，由中印度沙门般剌蜜帝在广州制旨道场诵出，乌苌国沙门弥伽释迦译语，唐代名臣房融笔受，沙门怀迪证译。稍晚，唐德宗贞元年间（贞元十六年，即公元八〇〇年），释元照所撰《贞元新定释教目录》也收录了此经，其说明文字与《开元释教录》基本一致。此后，自北宋初年雕刊我国第一部汉文佛教大藏经《开宝藏》起，一直到清朝雍正、乾隆年间雕印《龙藏》，《楞严经》均作为"正藏"的内容，被历代所刊行的一切版本的大藏经所收录，无一例外。《楞严经》自唐代中叶至清朝前期的一千余年间，经过不知多少佛经目录学家和学者的考察、鉴别之后，被作为佛教的重要典籍收录在佛门最具权威的佛典全集《大藏经》中，这对于它的可靠性，或者说真实性来说，应该是不成问题的。

《楞严经》译出之后即对我国佛教的发展产生广泛的影响。对此，我国近代名僧太虚，在其所著《大佛顶首楞严经摄论》一书中曾说："本经于震旦人根，有深因缘，未至而天台殷勤拜求；已度，则历代广共弘扬。"我国当代著名的佛教学者吕澂也称："贤家据以解缘起，台家引以说止观，禅者援以证顿超，密宗又取以通显教。宋明以来，释子谈空，儒者辟佛，盖无不涉及《楞严》也。"（《楞严百伪》）^①正因为如此，自唐末五代至于明清，注疏《楞严经》的著作不可胜记，仅明末清初的著名学者钱谦益所著《楞严蒙抄》一书所录就有四十多种^②，如果加上清代迄今则注家著述将在六十种以上，这在诸多大乘经中是极为少见的。值得特别指出的是，在明代后期，作为佛门四大家的憨山德清、紫柏真可、莲池袾宏、藕益智旭，竞相注疏《楞严经》，极力推崇《楞严经》③。其影响之大，使《楞严》一经成为而后佛家修行的主要依据。《楞严经》与《金刚经》《心经》等家喻户晓的大乘著名经典一样，是佛门弟子必读的重要功课。同时，《楞严经》又以"圣言辞义双妙，首尾照应，脉络贯通"④而受到文人墨客的青睐，被视为佛教文献中的文学瑰宝⑤。

楞严经的真伪之争

《楞严经》作为一部"教内人奉为至宝"⑥的佛教经典，在它问世之后即引起一场是真经还是伪经的争论。这场争论可以说持续了近千年，至今仍然没有得出一致肯定的结论。

关于《楞严经》是伪经的议论，在唐代就已有之。唐时，一位日本僧人玄睿在其所著的《大乘三论大义钞》中曾说："此经在唐代就流传日本，并引起'众师竞争'。后遣德清法师等到中国考察，从唐居士法详口中得知：'大佛顶经是房融伪造，非真佛经也。智升未详，缪编正录。'"（此书见《大日本佛教全书》第七十五册）另一位日本僧人戒明，是在唐代宗大历年间入唐的，他也曾闻知关于《楞严经》是伪经的各种议论⑦。时至宋元时代，注疏《楞严经》则已蔚然成风，其中以宋释子璇的《首楞严义疏注经》、释咸辉的《首楞严经义海》及元释惟则的《大佛顶首楞严经会解》最为著称于世。此外，一些宋代宰相如王安石、张无尽等也深契佛学"疏解首楞"⑧。然而，关于《楞严经》的真伪之争并没有平息，甚至因有异议而出现"删修楞严"之事，使"全经面目，抹杀殆尽"⑨。至明朝，在宋元之风的影响下，《楞严经》在中国佛教中的影响进一步扩大，《楞严经》所遭遇的命运也好一些，信之者多，而疑伪者少。特别是明朝万历以后，在四大名僧的提倡下，《楞严经》在佛门中的地位突然增高。只是到了清朝末年，以至民国以来，论说《楞严经》为伪经的议论才又再度多了起来，其论说最激烈者莫过于近代著名政治家兼学者的梁启超和吕澂二师。梁启超在《古书真伪及其年代》一书中说："《楞严经》可笑思想更多，充满了长生神仙的荒诞话头，显然是受道教的暗示，剽窃佛教的皮毛而成。……真正的佛经，并没有《楞严经》一类的话，可知《楞严经》一书是假书。"⑩而吕澂先生则认为《楞严经》是"集伪说之大成，盖以文辞纤巧，释义模棱，与此土民性喜鹜虚浮者适合"（《楞严百伪》），并提出了《楞严经》为伪经的一百零一条证据。

认为《楞严经》为伪经者的主要论点可归纳为如下

几点：

1. 关于译经者的许多疑点：

（1）《开元释教录》和《续古今译经图记》同出智升之手，但《开元释教录》记载此经的译者是"沙门释怀迪"，"因游广府遇一梵僧（未得其名），赍梵经一夹，请共译之，勒成十卷，即《大佛顶万行首楞严经》"；而《续古今译经图记》则标明此经是中印度沙门般剌蜜帝主译，弥伽释迦译语，房融笔受，怀迪证译。同出一人之手，但说法很不一致。

（2）关于房融笔受《楞严经》，这不仅为智升所记，自五代以来的诸多佛教史书及地方史志又一再肯定此事。又如《南汉春秋》卷九载五代人林衢题广州光孝寺诗中，有"无客不观丞相砚，有人曾悟祖师幡"的诗句。此处所云丞相砚，即房融笔受《楞严经》时所用的大砚；在《东坡后集》中载苏轼《书柳子厚大鉴禅师碑后》一文，文中亦有"大乘诸经至《楞严》则委曲精尽，胜妙独出，以房融笔受故也"等⑪。持《楞严经》为伪经观点者则认为：房融是在神龙元年二月被流放高州（今广东省高县），京师长安距广东数千里，房融于是年五月到达广州并笔受《楞严经》是不可能的。

（3）关于怀迪参加译经的记载，在时间上亦有矛盾。《开元释教录》的记载是："往者三藏菩提流志译《宝积经》，远召迪来，以充证义。所为事毕，还归故乡。后因游广府遇一梵僧……"这一记载表明，怀迪先参加《大宝积经》的翻译，之后才来到广州与梵僧共译《楞严经》。而同是《开元释教录》载：《大宝积经》"始乎神龙二年丙午创筵，迄于玄宗先天二年癸丑"。先天二年（公元七一三年）晚神龙元年（公元七〇五年）八年，如何言其在先呢？

（4）关于印度沙门般剌蜜帝亦认为是伪托的人物，原因是此人来去匆匆，事迹不详。

2. 此经经名下有一小注[12]云："一名中印度那烂陀大道场经，于灌顶部录出别行。"持伪经论者认为，此注系抄袭《陀罗尼集经序》中"从金刚大道场出"一语；其次，《楞严经》全经内容根本与"灌顶部"经无关。

3. 《楞严经》提出了一些与常见佛经中所讲论的佛教基本理论不相符合的概念，如十二类生、三叠流、七大、七趣等。

4. 经文内容中有许多是抄袭来的。提到被抄袭的经名有《首楞严三昧经》《摩登女经》《楞伽经》《大乘起信论》《菩萨璎珞本业经》《瑜伽师地论》等。

5. 经文中有许多于理不通和杜撰的内容。提出证据最多者就是吕澂先生的《楞严百伪》等。

自唐至今所云《楞严经》为伪经的主要论点，大体不出上述的五个方面，这五个方面又大致可分为两类：一类是关于译者的诸多疑点；一类是关于经文内容的种种疑问。

然而，对于这两类问题，持真经论者则更有一番不同的看法。他们认为这些疑问也仅仅是一些疑问；或者是择取了经文中片言只语的一种片面的分析，"未见公允"⑬。就连基本持伪经说的佛教学者也认为"楞严经伪造，谁也拿不出真凭实据"⑭。比如译者中的房融笔受一事，虽然提出了一些疑点，但五代以来却一再为"方内外人士所艳称⑮"；至于经文内容，持真经论者更是居于绝对多数，其中不乏高僧大德。如明释真鉴在其所著《大佛顶首楞严经正脉疏》的自序中认为："是则斯经也，一乘终实，圆顿指归。语解悟，则密因本具，非假外求；语修证，则了义妙门，不劳肯綮。十方如来得成菩提之要道，无有越于斯门者矣。"又如明末四大师，他们个个深信《楞严经》是真经，其中莲池袾宏甚至说："纵使佛视于前而说《楞严》是伪经者，吾等亦应视为魔说可也。"（《楞严摸象记》）由此知道他们认定《楞严经》是真经的态度是非常坚决的。近代以来，我国佛教界甚有影响的高僧如谛闲、圆瑛、太虚、倓虚等，也都坚持《楞严经》是真经，并著疏讲说。

《楞严经》是真经还是伪经的争论虽然持续了一千余

年，时至今日尽管还有一些不同的看法，但《楞严经》作为大乘佛教的重要典籍在中国佛教的历史上已经产生巨大影响，这已是确定的事实。这正如"大乘非佛说"的讨论一样，这些争论已无法改变《楞严经》在佛教理论和实践两个方面已经确立的地位。因此，本文就不再做进一步分析。

选译《楞严经》的几点说明

笔者选译的这本《楞严经》，是《中国佛教经典宝藏精选白话版》中的一种，由于字数所限，不可能全译。为了使读者了解《楞严经》的全貌，本书选择了全经十卷中的前两卷和后两卷，进行全译；中间诸卷，即卷三、卷四、卷五、卷六、卷七、卷八，则节选了各自的一部分主要内容。因此，本书虽然并不是一个全译本，但大体反映了《楞严经》全经的内容。

本书经文原文选自金陵刻经处清同治八年（公元一八六九年）刊本，并进行了标点。

本书的白话译文，遵从的原则有两条：一是忠实于原文，尽可能体现经文原旨；一是尽力做到口语化，让一般读者能看懂、理解。但做到这两点是相当困难的，因为佛教作为一种特殊的宗教理论体系，有它许多特定的概念和表述方法，如果完全用现代汉语翻译出来，就会失去佛教理论的特色，如佛教的一些重要概念，"色""法""五阴""涅槃"等，是不能翻译的。

本书在编译过程中，参阅了前人注疏《楞严经》的许多著作，其中主要有宋释子璇所著《首楞严义疏注经》，明释真鉴所撰《大佛顶首楞严经正脉疏》，清钱谦益撰《大佛顶首楞严经疏解蒙钞》，近代僧太虚撰《大佛顶首楞严经摄论》及其他有关著作。但白话译文中如有过失或不妥当之处，都属笔者个人的理解，由笔者负责。

白话译经是一件很难的事，本书一定有不少背离经文原旨的错译，敬请读者指正。

注释

①《楞严百伪》，见《吕澂佛学论著选集》第一册第三七——三九五页，山东齐鲁书社，一九九一年版。

②参见《楞严蒙抄》卷首《古今疏解品目》，清光绪十五年（公元一八八九年）苏城玛瑙经房藏版。

③德清著《首楞严经悬镜》一卷，《首楞严经通议》十卷；袾宏著《楞严摸象记》一卷；智旭著《大佛顶首楞严经文句》十卷，《大佛顶首楞严经玄义》二卷；真可著《楞严解》一卷。

④明释交光真鉴语，语见《大佛顶首楞严经正脉疏》卷七。

⑤赵朴初在《佛教与中国文化的关系》一文中指出："《维摩诘经》《法华经》《楞严经》，特别为历代文人所喜爱，被人们作为纯粹的文学作品来研读。"文见北京中华书局一九八八年版《佛教与中国文化》。

⑥保贤《问题楞严》，文见《现代佛教学术丛刊》第三十五册三五七页，台湾大乘文化出版社，一九八一年版。

⑦参考（日）小野玄妙著《佛教经典总论》一三五页，台湾新文丰出版公司版。

⑧王安石著《首楞严疏义》，张无尽著《楞严海眼》。参考《楞严蒙抄》卷首《古今疏解品目》。

⑨《楞严蒙抄》卷首《古今疏解品目》。

⑩此书见《饮冰室专集》第二十四册。

⑪请参考罗香林《唐相国房融在光孝寺笔授首楞严经翻译问题》一文。文见《现代佛教学术丛刊》第三十五册三二一——三四二页。

⑫本书经典原文选自清同治八年金陵刻经处本，此本无此小注。

⑬同注⑪。《现代佛教学术丛刊》第三十五册三三八页。

⑭保贤《问题楞严》，文见《现代佛教学术丛刊》第三十五册三六二页。

⑮同注⑪。

1　卷一

原典

大佛顶①如来密因②修证了义③诸菩萨万行④首楞严⑤经卷第一

　　　　　　　　唐天竺沙门般剌蜜帝⑥译
　　　　　　　乌苌国⑦沙门弥伽释迦⑧译语
　　　菩萨戒⑨弟子、前正谏大夫同中书门下平章事
　　　　　　　　　　清河房融⑩笔受⑪

　　如是我闻⑫。一时，佛在室罗筏城⑬祇桓精舍⑭，与大比丘众千二百五十人俱，皆是无漏⑮大阿罗汉，佛子住持。善超诸有，能于国土，成就威仪。从佛转轮，妙堪遗嘱。严净毗尼⑯，弘范三界⑰。应身无量，度脱众生。拔济未来，越诸尘累。其名曰大智舍利弗⑱、摩诃目犍

连⑲、摩诃拘绪罗⑳、富楼那弥多罗尼子㉑、须菩提㉒、优波尼沙陀㉓等，而为上首。复有无量辟支无学㉔，并其初心，同来佛所。

属诸比丘，休夏自恣㉕，十方菩萨，咨决心疑，钦奉慈严，将求密义。即时，如来敷座宴安，为诸会中，宣示深奥。法筵清众，得未曾有。迦陵㉖仙音，遍十方界。恒沙菩萨㉗，来聚道场，文殊师利㉘而为上首。

注释

①**大佛顶**：至尊无上之意，以此显示该经为佛法中之要义。

②**如来密因**：如来是佛的十种称号之一。如来密因，指如来所说的难测难知的深奥秘密之法。

③**修证了义**：即寻根究本，直修本性之意。

④**菩萨万行**：菩萨自利利他之行广大无量，故称万行。

⑤**首楞严**：梵文音译，意译曰健相、健行、一切事竟。佛所得三昧名。此经以首楞严为名，表明其所述佛法穷尽法界，无一遗漏。

⑥**般剌蜜帝**：人名，古天竺僧人，唐中宗初年来华。据说，他在广州制旨寺译出《楞严经》后，又携梵本回

归天竺。

⑦**乌苌国**：据《翻译名义集》，乌苌国又称乌杖国，北天竺国的别名。

⑧**弥伽释迦**：乌苌国僧人，事迹不详。据说他精通印度和中国的文字。

⑨**菩萨戒**：大乘菩萨僧的戒律，总名为三聚净戒。依《梵网经》，有十重禁戒和四十八轻戒；依《善戒经》，其戒与小乘比丘的二百五十戒同。

⑩**房融**：唐武则天时曾任宰相，唐中宗神龙元年（公元七〇五年）贬谪广州。

⑪**笔受**：译经场中的一种分工，专司将梵文用汉文笔录下来。

⑫**如是我闻**：佛经一般都以此句开始，可译为"我是这样听佛说的"，但一般白话译文中不再做翻译。

⑬**室罗筏城**：即舍卫城，在今印度西北部拉普河的南岸。

⑭**祇桓精舍**：又称胜林给孤独园，原是波斯匿王之子祇陀的私人园林，后被富商给孤独购买，赠给释迦牟尼作为说法的道场。佛释迦因在此地传法，遂成佛教圣地。

⑮**无漏**：梵文意译。漏，烦恼的异名。佛教认为，众生通过眼、耳、鼻、舌、身、意种种活动而产生"不

净"业因，从而在轮回中生死流转，不得解脱，此名为"漏"。无漏即已断除了一切烦恼。

⑯毗尼：梵文音译，又译之曰毗奈耶，意译曰调伏、善治、律等，戒律的总名。

⑰三界：佛教把人生死往来的世界分为高下不同的三层，称三界，即欲界、色界、无色界。欲界，指有饮食淫念之欲的有情住所；色界，指离饮食淫念之欲的有情住所，在欲界之上；无色界，指只有心识禅定状况的众生住所，又在色界之上。

⑱舍利弗：佛的十大弟子之一，以"智慧第一"著称。

⑲摩诃目犍连：又称大目犍连，佛的十大弟子之一，以"神通第一"著称。

⑳摩诃拘絺罗：罗汉名，舍利弗之舅，又称长爪梵志，有辩才。

㉑富楼那弥多罗尼子：即富楼那，佛的十大弟子之一，以"说法第一"著称。

㉒须菩提：佛的十大弟子之一，以"解空第一"著称。

㉓优波尼沙陀：人名。此经卷五讲到此人，经云："如来印我名尼沙陀，尘色既尽，妙色密圆，我从色相得阿罗汉。"

㉔**辟支无学**：指一切初发心向佛并修行独觉、缘觉二乘的修行者及圆满小乘道果者。辟支即辟支佛，有两种：一名独觉，指在无师指教的情况下能够独自悟得正觉的圣者；一名缘觉，指可根据佛的说教悟得正觉的圣者。无学，即进趣圆满，止息修习者。

㉕**休夏自恣**：又称夏安居。在古代印度，佛僧在雨季的三个月禁止外出，独自进行静修，称安居期。在中国，安居期在阴历的四月十六日至七月十五日。安居期过后，众僧要有一定时间在大众中检讨自己在三个月中悟得的过失，称自恣。

㉖**迦陵**：又云迦兰迦、羯频伽，皆梵文音译，是一种叫声很好听的鸟的名称。

㉗**恒沙菩萨**：恒沙，即印度恒河中的沙子，比喻数量极大。菩萨，是菩提萨埵的略称，意译曰觉有情，或大士，指有希望达到佛那样觉行的圣者。菩萨修持六度，求无上菩提，最后成就佛果。大乘佛教又称菩萨乘。

㉘**文殊师利**：菩萨名。据佛经云，文殊早已成佛，为救度众生化菩萨身。文殊常侍释迦如来之左，司智慧。他手持利剑以表示智慧无敌，驾狮子以表示智慧威猛。

译文

如是我闻，从前，当佛住在室罗筏城祇桓精舍之时，随侍他的有大比丘一千二百五十人。他们都是断尽了一切烦恼的大阿罗汉，是度化三界众生，超脱生死诸苦的佛子住持。这些大比丘于所住之国，其行住坐卧皆为众生的模范而威仪无比。他们跟随佛陀，听佛演说无上妙法，得佛妙智，是佛灭之后最有资格承佛遗嘱，弘扬佛法的佛弟子。他们德操高洁，严守戒律，为三界众生树立了榜样。这些大比丘都能随着众生的不同情况，现化不可计量的身形变化，以普度一切众生。他们的功德将惠及未来，利益无穷。大智舍利弗、摩诃目犍连、摩诃拘絺罗、富楼那弥多罗尼子、须菩提、优婆尼沙陀等，就是他们之中众所推崇、位列前茅的代表人物。此外，难以计数的小乘两众及阿罗汉，带着他们心向佛法的诚意来到佛住的地方。

当此之时，正值三个月结夏安居之日结束之时，众比丘们来到佛所接受大众的问难；而来自十方的菩萨也将要向佛咨决疑问，并以十分恭敬的心情，请求佛陀宣说秘密深法。如来在法座上静然安处，应与会的众比丘们的请求，开示了深奥的佛法，使他们聆听了闻所未闻的道理。佛的音声和雅动听，好像妙音鸟鸣叫的仙音传遍十方，引来无数菩萨聚会于佛的道场。在这众多的菩萨之中，居于首位的是文殊师利。

原典

时，波斯匿王①为其父王讳日营斋，请佛宫掖，自迎如来，广设珍馐无上妙味，兼复亲延诸大菩萨。城中，复有长者居士同时饭僧，伫佛来应。佛敕文殊，分领菩萨及阿罗汉，应诸斋主。唯有阿难②，先受别请，远游未还，不遑僧次。

既无上座，及阿阇黎③，途中独归。其日无供，即时，阿难执持应器，于所游城，次第循乞。心中初求最后檀越④以为斋主，无问净秽、刹利尊姓及旃陀罗⑤，方行等慈，不择微贱，发意圆成一切众生无量功德。阿难已知如来世尊，诃须菩提及大迦叶⑥为阿罗汉，心不均平。钦仰如来，开阐无遮，度诸疑谤。经彼城隍，徐步郭门，严整威仪，肃恭斋法。尔时，阿难因乞食次，经历淫室，遭大幻术。摩登伽女⑦，以娑毗迦罗⑧先梵天咒摄入淫席。淫躬抚摩，将毁戒体。如来知彼淫术所加，斋毕旋归。王及大臣、长者居士，俱来随佛，愿闻法要。

于时，世尊顶放百宝无畏光明，光中出生千叶宝莲，有佛化身，结跏趺坐，宣说神咒。敕文殊师利，将咒往护。恶咒消灭，提奖阿难及摩登伽归来佛所。阿难见佛，顶礼悲泣，恨无始来，一向多闻，未全道力。殷勤启请十方如来，得成菩提，妙奢摩他⑨、三摩⑩、禅那⑪最初方便。于时，复有恒沙菩萨及诸十方大阿罗汉、辟支佛等，俱愿乐闻，退坐默然，承受圣旨。

注释

①**波斯匿王**：人名，又译曰胜军、胜光，舍卫国国王。

②**阿难**：阿难陀之略，佛释迦的堂弟，佛的十大弟子之一，以"多闻第一"著称。

③**阿阇黎**：梵文音译，意译曰轨范、教授等。是对可以矫正弟子行为，能起师范作用的高僧的敬称。

④**檀越**：即施主。

⑤**刹利尊姓及旃陀罗**：古代印度四种姓中的两种。刹利即刹帝利，为第二等级，是王室贵族的种姓。第四等级称首陀罗，又称贱民，社会地位最低下，而旃陀罗则是居于首陀罗阶级之下位者，意译为屠者、执暴恶人。《法显传》曾说："旃陀罗名为恶人，与人别居，若入城市则击木以自异。"

⑥**大迦叶**：佛的十大弟子之一，以"头陀第一"著称。

⑦**摩登伽女**：摩登伽为梵文音译，意译为骄逸、恶

作业，是属于旃陀罗的一个淫女。

⑧娑毗迦罗：又译作劫毗罗，古印度外道数论师名。

⑨奢摩他：梵文音译，意译曰止、寂静、能灭等，是佛教修行的一种。

⑩三摩：是三摩地之略，意译曰定、等持等，又称三昧，是心专注一境而不使散乱的一种佛教修行。

⑪禅那：梵文音译，意译作思维修、静虑，是佛教的重要修行，要求静坐息心，专注一境。

译文

此时，波斯匿王正在为其亡父的忌日举行盛大的斋会。他准备了丰盛的美味佳馔，亲自来到佛的住所，请佛赴宴，并同时延请诸大菩萨。波斯匿王所居城中的长者居士也在同一时间设斋，请众僧吃饭。他们都在等候着佛来接受供养。佛命文殊，分成几路率领众菩萨及阿罗汉应邀前去赴斋。只有阿难，因为先受另外的邀请，远游他方，未能参加这次斋会。

阿难远游，既无同辈上座的陪同，也没有阿阇黎同行以约束他的行为，所以他是独自一人走在回归的途中。这一天，因无人献斋供食，阿难只得拿着钵，在所游历的城中挨门乞食。此时，阿难心中希望以最后施以斋饭的檀越为斋主，不问净秽，也不管他是尊贵的刹利种姓，还是鄙贱的旃陀罗，他要平等行乞，以使一切众生哪怕是无功德者都功德圆满。阿难知道，如来世尊认为须菩提和大迦叶，虽已证得阿罗汉果位，常常做出一些不公正的事，要么舍贫乞富，要么舍富乞贫。他十分钦佩如来，不分贫富贵贱而平等对待，从而不生猜疑，广度众生。阿难走过城壕，入城。他仰效世尊仪表，神情严肃，加倍注意自己的行为。当时，阿难挨门乞食，依次来到一户人家，但被摩登伽女的大幻术所迷。此女以从娑毗迦罗传下来的梵天咒，使阿难迷迷糊糊地走进了淫室。摩登伽女淫乱的抚摩，将要毁掉阿难清净的戒身。这时，如来已经知道阿难被淫术所缠，他在进斋之后，立即返回住所。波斯匿王、大臣及长者居士知佛有事，便一同随佛而来，愿意听佛广说法要。

当此之时，世尊顶上放射着百宝无畏光明，光中出生千叶宝莲华，有佛的化身结跏趺坐在宝莲华之上，宣说神咒，并敕命文殊师利带上咒语前去保护阿难。佛的神咒将恶咒消灭，并将阿难及摩登伽女带回佛的住所。阿难见到佛陀，顶礼膜拜，悲痛啼泣。他痛恨自己有生以来，一向以多闻自居，未能勤加修学成佛道力，殷切恳请世尊，宣说十方如来修证之法；开示成就菩提觉性、修行止观和禅那的最基本的方便法门。此时，还有无数百千菩萨及十方诸大阿罗汉、辟支佛等，都愿闻佛说，退在一旁，静心安坐，恭聆世尊的教诲。

原典

佛告阿难："汝我同气，情均天伦。当初发心，于我法中，见何胜相，顿舍世间深重恩爱？"阿难白佛："我见如来三十二相[①]，胜妙殊绝。形体映彻，犹如琉璃。常自思惟，此相非是欲爱所生，何以故？欲气粗浊，腥臊交遘，脓血杂乱，不能发生胜净妙明紫金光聚。是以渴仰，从佛剃落。"

佛言："善哉！阿难，汝等当知，一切众生从无始来，生死相续，皆由不知常住真心，性净明体，用诸妄想。此想不真，故有轮转。汝今欲研无上菩提[②]，真发明性，应当直心[③]酬我所问。十方如来，同一道故。出离生死，皆以直心。心言直故，如是乃至终始地位，中间永无诸委曲相。阿难，我今问汝：当汝发心，缘于如来三十二相，将何所见，谁为爱乐？"

阿难白佛言："世尊，如是爱乐，用我心目。由目观见如来胜相，心生爱乐。故我发心，愿舍生死。"佛告阿难："如汝所说，真所爱乐，因于心目，若不识知心目所在，则不能得降伏尘劳。譬如国王，为贼所侵，发兵讨除。是兵要当知贼所在，使汝流转，心目为咎。吾今问汝，唯心与目，今何所在?"

阿难白佛言："世尊，一切世间十种异生④，同将识心居在身内。纵观如来青莲华眼，亦在佛面。我今观此浮根四尘⑤，只在我面。如是识心，实居身内。"佛告阿难："汝今现坐如来讲堂，观祇陀林，今何所在?""世尊，此大重阁清净讲堂，在给孤园。今祇陀林，实在堂外。""阿难，汝今堂中，先何所见?""世尊，我在堂中，先见如来，次观大众，如是外望，方瞩林园。""阿难，汝瞩林园，因何有见?""世尊，此大讲堂，户牖开豁，故我在堂，得远瞻见。"

注释

①**三十二相**：又称三十二大人相，指佛具有的不同凡俗的三十二种容貌特征。

②**菩提**：梵文音译，意译曰觉、智，指对佛教真理的觉悟。

③**直心**：即内心真实，外无虚假。

④**十种异生**：一般指卵生、胎生、湿生、化生、有色生、无色生、有想生、无想生、非有想生、非无想生十种。

⑤**浮根四尘**：浮根即眼耳鼻舌诸根，四尘指色香味触四境。

译文

佛对阿难说："你和我是一祖相传，情谊如同兄弟。当你初入佛门之时，在我的佛法之中到底看到了什么超乎寻常的美妙东西，使你顿时舍弃人世间深重的恩爱之情？"阿难告诉佛说："我看到如来三十二种不同凡俗的容貌是那样的端庄绝妙，简直让人不可思议。您的形体金色明透，好像琉璃一样清澈明净。我常常暗自寻思，如此相貌绝不会是欲爱所生，为什么呢？因为欲爱之气粗俗秽浊。爱欲的交媾充满腥臊，脓血相杂，绝不能生出如此分明清净之身，也不会有无数紫色金光聚于佛身。正是这种原因，我仰慕如来，从佛剃发出家。"

佛说："善哉！阿难，你们应当知道，一切众生从无始以来，就处在不间断的生死流转之中。这都是因为不知道人的真心是没有生灭变异的，其本性本是无染着的清净之体，从而迷着生死有情，产生种种虚妄之想。这种妄想是不真实的，故有轮回生死之烦恼。你现在想要穷究无上菩提，使真妄分明，就应当毫不隐讳地照实回答我的问题。十方如来同出一道，即解脱生死诸苦皆由来自他们真实而不虚假的直心。正因为心和言都是真实的，所以他们所成就的无上菩提果位的过程中，自始至终没有任何迂曲不实的态度。阿难，我现在问你，当你心向佛法，是由于看到了如来的三十二相。那么，你是用什么去看，而爱慕之想又从何处产生？"

阿难对佛说："世尊，这样的爱慕，是用我的心和眼睛去体悟和观察的，是用眼睛去观看如来不可思议的形象，而于心中产生爱慕的感情。因此，我发自内心，愿意舍弃生死。"佛告诉阿难："就如同你所说的那样，真正的爱慕之想是产生于心目之中。但是，如果不知道心目所在，就不能降服尘世的劳苦。譬如国王，当被敌贼侵扰而发兵进行征讨时，所派出的兵士必须知道敌贼到底在什么地方，才能不负使命。同样，使你在生死苦恼中流转，完全是心和目引起的过患。我现在问你，心和目现在在哪里？"

阿难对佛说："世尊，一切世间凡夫，虽有不同的十种生态，但他们的识心都居于身内。如来纵观十方的青莲华眼亦是在佛的脸面之上，我现在观望尘世的肉眼也只是在我的脸面之上。而能观的识心也实在是居于自己的身内。"佛告诉阿难："你现在座在如来的讲堂之中，看祇陀林是在什么地方？"阿难回答说："世尊，此大重阁清净讲堂在给孤园中；今祇陀林是在讲堂外面。"佛说："阿难，你现在在讲堂中首先看到的是什么？"阿难答："世尊，我在讲堂中首先看到的是如来，其次是大众，再依次向外看，才远远望见林园。"佛说："阿难，你瞩目林园，是什么原因使你能够看到？"阿难答："世尊，此大讲堂，门窗敞开，我因此能在讲堂之中远瞩园林。"

原典

　　尔时，世尊在大众中，舒金色臂，摩阿难顶，告示阿难及诸大众："有三摩提，名大佛顶首楞严王，具足万行，十方如来，一门超出妙庄严路。汝今谛听。"阿难顶礼，伏受慈旨。佛告阿难："如汝所言，身在讲堂，户牖开豁，远瞩林园。亦有众生，在此堂中，不见如来，见堂外者？"阿难答言："世尊，在堂不见如来，能见林泉，无有是处。""阿难，汝亦如是。汝之心灵，一切明了。若汝现前所明了心，实在身内，尔时先合了知内身。颇有众生，先见身中，后观外物，纵不能见心肝脾胃、爪生发长、筋转脉摇，诚合明了，如何不知？必不内知，云何知外？是故应知，汝言觉了能知之心，住在身内，无有是处。"

　　阿难稽首而白佛言："我闻如来如是法音，悟知我心实居身外。所以者何？譬如灯光，然于室中，是灯必能先照室内，从其室门，后及庭际。一切众生，不见身中，独见身外。亦如灯光，居在室外，不能照室。是义必明，将无所惑。同佛了义，得无妄耶。"

佛告阿难："是诸比丘，适来从我室罗筏城，循乞抟食，归祇陀林。我已宿斋，汝观比丘一人食时，诸人饱不？"阿难答言："不也，世尊。何以故？是诸比丘，虽阿罗汉，躯命不同。云何一人，能令众饱？"

佛告阿难："若汝觉了知见之心，实在身外，身心相外，自不相干。则心所知，身不能觉；觉在身际，心不能知。我今示汝兜罗绵手①，汝眼见时，心分别不？"阿难答言："如是，世尊。"佛告阿难："若相知者，云何在外？是故应知，汝言觉了能知之心，住在身外，无有是处。"

阿难白佛言："世尊，如佛所言，不见内故，不居身内；身心相知，不相离故，不在身外。我今思惟，知在一处。"佛言："处今何在？"阿难言："此了知心，既不知内，而能见外，如我思忖，潜伏根里。犹如有人，取琉璃碗，合其两眼，虽有物合，而不留碍。彼根随见，随即分别。然我觉了能知之心，不见内者，为在根故；分明瞩外，无障碍者，潜根内故。"

佛告阿难："如汝所言，潜根内者，犹如琉璃。彼人当以琉璃笼眼，当见山河，见琉璃不？""如是，世尊。

是人当以琉璃笼眼，实见琉璃。"佛告阿难："汝心若同琉璃合者，当见山河，何不见眼？若见眼者，眼即同境，不得成随。若不能见，云何说言此了知心，潜在根内，如琉璃合？是故应知，汝言觉了能知之心，潜伏根里，如琉璃合，无有是处。"

注释

①**兜罗绵手**：兜罗绵是古代印度的一种野生绵，十分柔软，用此比喻佛的手。

译文

此时，世尊在大众之中，舒开金色手臂，抚摩阿难的头顶，向着阿难及诸大众说："有三摩提名大佛顶首楞严王，它包括了一切修行法门，是十方如来超脱生死，直达极果的庄严通途。你现在要仔细来听。"阿难向佛顶礼，伏身听受佛的教旨。佛对阿难说："如同你所说，身在讲堂，门窗大开，可以远望园林。但也有众生在此堂中竟看不见如来，却能见到堂外之物，有这样的事吗？"阿难回答说："世尊，在讲堂之中看不见如来，却能看见林泉，这种说法是完全错误的。"佛说："阿难，你就是这样的。在你的心灵中，一切都很明白。如果你现在的明了之心，实在的是处在身内，那么，这时你应该清楚地了解你身内的情况，而诸多众生也应该是首先见到身内的东西，然后才观看到身外之物。纵然能看见身内的心肝脾胃，指甲的生出，头发的生长，筋骨的运转，血脉的跳动等内身的活动，但心中对此应该清楚地知道，但为什么不知道呢？如果必定是不能知内，又怎么能说知外呢！因此应该知道，你所说的觉了能知之心处在身内是完全不对的。"

阿难稽首并对佛说："我听到如来这样的法音，从中悟到我的心实在是处在身外。为什么呢？譬如灯光在室中点燃，这灯光必能先照室内，通过室门然后再照亮庭院。一切众生不能看见自己身内之物，而只看见身外之物，这也像灯光那样，放在室外就不能照亮室中。这个道理必须明白。如果这样，将不会再有疑惑，因为它与佛所说的了义一致，而不会再有错误了。"

佛告诉阿难："这里的诸位比丘，刚刚随我在室罗筏城乞食归回祇陀林。我今天已经停斋了，你去观察一下诸比丘，一人进食，大家会饱吗？"阿难回答说："不会的，世尊。为什么？诸位比丘虽然都是阿罗汉，但身躯你是你的，我是我的，怎么能一人进食，会让大家都饱呢？"

佛告诉阿难："如果你的觉了知见之心，真的是在身外，那么你的身躯和心就相分离，互不相干。心所感知的，身躯自然不能感觉到；而身躯所感觉到的，心当然也不会感知。我现在把我的手给你看，当你的眼睛看到的时候，你的心是否也感觉到了？"阿难回答说："是的，世尊。"佛告诉阿难："如果身心都能同时感知，怎么能说这个心是在身外呢？因此，应该知道，你所说的觉了能知之心处在身外的说法是完全不对的。"

阿难对佛说："世尊，如你所说，因为心不能知见身内，故心不处在身内；而心所知又不能离开身躯，故心又不处在身外。我想，身与心还是居于一处。"佛说："你说他们居于一处，这一处在什么地方？"阿难说："此了知心，既然不能知身内，而能见到身外，如果依照我的想法，它是潜伏在眼根里。就好像有人取来琉璃碗罩在两眼之上，两眼虽然有东西罩着，但并不妨碍眼睛看东西。眼睛随处所见，心亦随处分别知见。我认为，觉了能知之心，不能知见身内，其原因在于眼根；而它能清楚地知见身外之物而没有障碍，是因为它潜居于眼根之中。"

佛告诉阿难："如同你所说，心潜居于眼根之内就如同琉璃。我要问你，有人把琉璃罩在眼睛上，可以看到山河，能看见琉璃吗？"阿难说："是的，世尊。当有人用琉璃罩着眼睛的时候，可以看见琉璃。"佛告诉阿难说："你的心如果同琉璃合在一起，可以看见山河，为什么看不见自己的眼睛？如果能看见自己的眼睛，眼睛就成了心分别知见的对象，从而不能与心相合而成知见了。如果看不见眼睛，又怎么能说此了知心潜藏在眼根之中，而如同与琉璃合呢？因此，应该知道，你所说的觉了能知之心潜伏在眼根里就如同琉璃罩在眼睛上的说法是根本不对的。"

原典

阿难白佛言："世尊，我今又作如是思惟：是众生身，腑藏在中，窍穴居外。有藏则暗，有窍则明。今我对佛，开眼见明，名为见外；闭眼见暗，名为见内。是义云何？"佛告阿难："汝当闭眼见暗之时，此暗境界，为与眼对，为不对眼？若与眼对，暗在眼前，云何成内？若成内者，居暗室中，无日月灯，此室暗中，皆汝焦腑。若不对者，云何成见？若离外见，内对所成，合眼见暗，名为身中。开眼见明，何不见面？若不见面，内对不成。见面若成，此了知心，及与眼根，乃在虚空，何成在内？若在虚空，自非汝体。即应如来今见汝面，亦是汝身。汝眼已知，身合非觉。必汝执言身眼两觉，应有二知。即汝一身，应成两佛。是故应知，汝言见暗，名见内者，无有是处。"

阿难言："我尝闻佛开示四众[①]：由心生故，种种法[②]生。由法生故，种种心生。我今思惟，即思惟体，实我心性。随所合处，心则随有，亦非内外中间三处。"佛告阿难："汝今说言，由法生故，种种心生，随所合处。心随有者，是心无体，则无所合。若无有体而能合者，则十九界[③]，因七尘[④]合。是义不然。若有体者，如汝以手自挃其体，汝所知心，为复内出，为从外入？若复内出，还见身中。若从外来，先合见面。"阿难言："见是其眼，心知非眼。为见非义。"佛言："若眼能见，汝在室中，门能见不？则诸已死，尚有眼存，应皆见物。若见物者，云何名死？阿难，又汝觉了能知之心，若必有体，为复一体，为有多体？今在汝身，为复遍体，为不遍体？若一体者，则汝以手挃一支时，四支应觉。若咸觉者，挃应无在。若挃有所，则汝一体，自不能成。若多体者，则成多人，何体为汝。若遍体者，同前所挃。若不遍者，当汝触头，亦触其足，头有所觉，足应无知，今汝不然。是故应知，随所合处心则随有，无有是处。"

注释

①**四众**：指出家与未出家的佛教徒，总称曰四众弟

子，即比丘、比丘尼、优婆塞、优婆夷。

②**种种法**：法，梵文音译曰达磨。有两种意义：一指一切事物和现象，包括物质的、精神的一切现象，如此处所云种种法；一指道理，如佛法。

③**十九界**：佛教讲十八界，即六根（眼耳鼻舌身意）、六尘（色声香味触法）、六识（眼识、耳识、鼻识、舌识、身识、意识）的总和，如说十九界即虚言也。

④**七尘**：只有六尘，说七尘就如同说十九界一样，为不实之辞。

译文

阿难对佛说："世尊，我现在又有这样的想法：每一位众生之体，腑脏在体内，窍穴居体外。腑脏藏于身内则暗，窍穴居于体外则明。现在，我面对着佛，睁开眼睛即可看见光明，名为见外；合上眼睛看见的只是黑暗，名为见内。这种想法对吗？"佛告诉阿难："当你合上眼睛看暗的时候，这种暗的境界与眼睛相对应，还是不相对应？若与眼睛对应，暗就在眼前，怎么能说成是内呢？如果能说成是内者，你处在暗室之中，没有日月灯光，此暗室难道都成了你的三焦腑脏吗？如果不与眼睛相对，怎么能说成是见？如果离开外见，可以见到身内之暗，那么合眼所见之暗，就是身中的腑脏。如果合眼能反观身中腑脏之暗，那么睁开眼睛所见到的明，就是自己的脸面。如果开眼看不到脸面，那么合眼也就看不到身内之暗。如果开眼可以见到脸面，此了知心及眼根就处在虚空，如何能成内见。如果处在虚空，自然不是你的身体的部分。如果你坚持见到你脸面的定是你自己，就像如来现在看到你时，如来就不是如来之身，而是你了。既然眼睛离开形体而有知见，那么离眼之身自然应当没有知觉。你如果一定坚持说身和眼都有知觉，那么应该有两种知觉，即你的一身有两个形体，应成就两佛。因此，应该知道你所说的见暗名见内者，也是完全不对的。"

阿难说："我曾经听佛开导四众说：种种法是由心产生的，心的种种思惟变化又是由法产生的。我现在想，思惟之体就是我的心性。心是随着与法相合而产生知见，并不是处在身内、身外和眼根三处。"佛告诉阿难："你现在说，心的种种思惟变化是法引起的，心是随着与法相合而产生知见。如果是这样的话，这种心是没有自体的，没有自体就无所谓相合。如果没有自体而能够相合者，就好像十八界外又有第十九界，六尘之外又有第七尘那样，皆是没有自体的虚言，怎么能说有合？这样的道理是不通的。如果说心有自体，以你自己的手去触摸你自己的身体，这时，你的知觉之心是从身内出来，还是从身外而入？如果是从身内出，其心就可以反见身中五脏；如果是从外来，就应当先见到自己的脸。"阿难说："所谓见指的是眼见，心知不是眼见。如果以心知为见，此理不通。"佛说："假若眼睛能见，你在室内能看见门吗？许多已死之人，眼睛尚存，应该都能够看见东西。如果能看见东西，还能说是死吗？阿难，再说，你的觉了能知之心，如果必定有体，是只有一个体，还是有几个体？现在在你的身上，心体处在一个地方，还是遍及全身？如果只有一个体，你以手触摩你的一个肢体时，四肢都应该感觉到。如果都能感觉到的话，那么手触摸的哪个肢体就无法确定。如果能知道手触摩的是哪个肢体，说明只有一个肢体有感觉，这样你所说的只有一个体就不能成立。如果有几个体，一个人只有一个心，几个心体就有几个人，哪个心体是你的？如果心体遍及全身，这与只有一个体没有区别；如果心体处在身上的某一处，当你触摩头部，又同时摩脚，当头部有感觉时，脚就不会有感觉，实际上两处都有感觉。因此，应该知道，所谓心是随着与法相合而产生知见的说法也是不对的。"

阿难白佛言："世尊，我亦闻佛与文殊等诸法王子^①谈实相^②时，世尊亦言：心不在内，亦不在外。如我思惟，内无所见，外不相知，内无知故。在内不成，身心相知，在外非义。今相知故，复内无见，当在中间。"佛言："汝言中间，中必不迷，非无所在。今汝推中，中何为在？为复在处，为当在身？若在身者，在边非中，在中同内。若在处者，为有所表，为无所表。无表同无，表则无定。何以故？如人以表，表为中时。东看则西，南观成北。表体既混，心应杂乱。"

阿难言："我所说中，非此二种。如世尊言，眼色为缘，生于眼识。眼有分别，色尘无知。识生其中，则为心在。"佛言："汝心若在根尘之中，此之心体，为复兼二，为不兼二？若兼二者，物体杂乱。物非体知，成敌两立，云何为中？兼二不成，非知不知，即无体性，中何为相？是故应知，当在中间，无有是处。"

阿难白佛言："世尊，我昔见佛与大目连、须菩提、富楼那、舍利弗四大弟子，共转法轮^③常言：觉知分别心性，既不在内，亦不在外，不在中间，俱无所在。一切无着，名之为心。则我无着，名为心不？"佛告阿难：

"汝言觉知分别心性，俱无在者，世间虚空，水陆飞行诸所物象名为一切。汝不着者，为在为无。无则同于龟毛兔角，云何不着？有不着者，不可名无。无相则无，非无即相。相有则在，云何无着？是故应知，一切无着名觉知心，无有是处。"

注释

①**法王子**：法王一般指佛，如《法华经》云："如来是诸法之王。"法王子一般指菩萨，他们得佛教旨，弘扬佛法而广度众生。

②**实相**：佛教把万事万物真实常住的本体称之为实相，实相也是佛教徒所追求的真理，故涅槃、真谛、无为、真性等皆为实相的异名。

③**转法轮**：法轮指佛的教法，意为佛的教法犹如转轮王的轮宝能摧毁众生业感转入圣道；又喻佛的教法不停滞于一人一处，代代相传，犹如车轮不停地向前转动。转法轮即宣说佛的教法。

译文

阿难对佛说："我也曾听佛与文殊等诸大法王子谈论实相时说：心不在身内，也不在身外。我对此的理解是：心不能知道身内脏腑，故在身外。那么，身与心离，又怎么能相互感知呢？不能知内，因此不能说在内。而身和心实际上是不可分的，因此在外的说法也于理不通。既然心不可能离开身体，又不能说是在身内，我看处在中间。"佛说："你说处在中间，中间又在什么地方，是在身外的一个地方，还是在你的身上？如果在你的身上，是在身体的边缘处，就不能说是中间；如果在身体的中间，这与说在内又有什么区别？如果处在身外，是有一个识别的标记，还是没有这样的标记？如果没有这样的标记，就如同没有一样；如果真有这样的标记，这也是一个不确定的东西。比如以人作标记，当处在中间位置时，从东面看是西，从南面看则是北。这种能作为标记的东西既然是这样的不确定，其心也一定是没有确定的位置而处在杂乱之中。"

阿难说："我所说的中，并不是指身中和身外两种。如同世尊所说，眼睛看见物体的原因是产生于眼识。眼睛能够分别物体产生识觉，而外尘物体则是没有知觉的。识产生于眼睛和物体之间，这就是心的所在。"佛说："你的心如果在眼根和外界尘境之间，这样的心体是兼有眼根和尘境二者，还是不兼而有之？如果是兼而有之的话，眼根和尘境就都有知觉，从而使心体和外尘物体相杂而造成混乱。外尘物体无知，而心体有知，知与无知相对立而存在，怎么能说处在中间呢？如果心体不兼而有之，若不兼根，眼根就不会成为有知之根；若不兼尘，则外界尘境就不是知的物体。离开了眼根和尘境也就没有了心体的知性，中位也就不存在了。因此，应该说心体在根尘之间也是不对的。"

阿难对佛说："世尊，过去我曾看到佛与大目连、须菩提、富楼那、舍利弗四大弟子共同讨论佛法时常说：人的觉了知见，即识别物体的心体本性既不在内，亦不在外，也不在中，不在任何地方。一切都无所着，即是所谓的心体。那么，我不执着任何物体，是不是可以称作心体？"佛告诉阿难："你说觉知了别心性不在任何地方，实际上，人世间是一片虚空，水中的，陆上的，天上飞的，地上走的，这所有的万事万物就是世间的一切。如果如同你所说，心体不执着于如上所述的一切万物之上，那么这些物体是有，还是没有？没有，就如同龟毛兔角那样，根本就没有所着之体，无着又从何谈起？如果存在着不着的物体，就不能说无着。没有外界的现象世界，就是没有执着的物体；如果有不执着的物体，就是有外界的现象世界存在。有现象世界存在，就不能说无着。因此，应该知道，一切都无所着是觉了知心的说法是完全不对的。"

原典

尔时，阿难在大众中，即从座起，偏袒右肩，右膝着地，合掌恭敬而白佛言："我是如来最小之弟，蒙佛慈爱，虽今出家，犹恃憍怜，所以多闻，未得无漏。不能折伏娑毗罗咒，为彼所转，溺于淫舍，当由不知真际所诣。唯愿世尊，大慈哀悯，开示我等奢摩他路，令诸阐提①，隳弥戾车②。"作是语已，五体投地。及诸大众，倾渴翘伫，钦闻示诲。

尔时，世尊从其面门放种种光。其光晃耀，如百千日。普佛世界，六种震动③。如是十方微尘国土，一时开见。佛之威神，令诸世界合成一界。其世界中，所有一切诸大菩萨，皆住本国，合掌承听。

佛告阿难："一切众生，从无始来，种种颠倒，业种④自然，如恶叉聚⑤。诸修行人，不能得成无上菩提，乃至别成声闻⑥缘觉，及成外道⑦、诸天魔⑧王及魔眷属。皆由不知二种根本，错乱修习。犹如煮沙，欲成嘉馔。纵经尘劫，终不能得。

"云何二种？阿难，一者无始生死根本。则汝今者，与诸众生，用攀缘心⑨为自性⑩者。二者无始菩提涅槃元清净体。则汝今者识精元明，能生诸缘⑪，缘所遗者。由诸众生，遗此本明，虽终日行，而不自觉，枉入诸趣^⑫。阿难，汝今欲知奢摩他路，愿出生死。今复问汝。"

实时，如来举金色臂，屈五轮指^⑬，语阿难言："汝今见不？"阿难言："见。"佛言："汝何所见？"阿难言："我见如来举臂屈指为光明拳，耀我心目。"佛言："汝将谁见？"阿难言："我与大众同将眼见。"佛告阿难："汝今答我，如来屈指为光明拳，耀汝心目。汝目可见，以何为心，当我拳耀？"阿难言："如来现今征心所在，而我以心推穷寻逐，即能推者，我将为心。"佛言："咄！阿难，此非汝心。"阿难矍然，避座合掌，起立白佛："此非我心，当名何等？"佛告阿难："此是前尘^⑭虚妄相想，惑汝真性。由汝无始至于今生，认贼^⑮为子，失汝元常，故受轮转^⑯。"

注释

①阐提：一阐提之略。有两种意义，一指断了善根的众生，一指无信之人。这两种人都不能成佛。但《涅槃经》提出一切众生悉有佛性的观点，即阐提之人也可成佛。

②弥戾车：梵文音译，又译作蜜利车，意译作垢浊种、恶见，或乐垢秽之人。

③**六种震动**：佛教把大地的震动分为六种，有为动六时、为动六方、为动六相之说。六相者即动、踊、震、起、吼、击。

④**业种**：业，梵文音译羯磨的意译。佛教把人的行为，包括思想活动称之为业，区分为身、口、意三种，称三业。人的行为即业，不会因为行为的终结而消失，它将得到报应，即善有善报，恶有恶报。这种行为的积累所造成的报应之因，称业因，也叫业种。

⑤**恶叉聚**：恶叉，树名。其树果实落地，多聚于一处。此处比喻惑业苦等种种颠倒同时具足。

⑥**声闻**：佛教三乘之一，指从佛闻声而得道者。这种修行者只有在亲自听到佛的教导时，才能理解和接受佛的道理。他们以修学四谛为主，以自身解脱为目的，以阿罗汉为最高道果。

⑦**外道**：指佛教以外的其他宗教派别。在释迦牟尼佛时代有六师外道及所谓九十六种外道之说。

⑧**天魔**：天，指佛教所讲五趣之一的天趣，是有情众生的最高一级；魔，梵文音译魔罗的略称。佛教把一切破坏修行，扰乱身心，障碍佛法的人和事称之为魔。

⑨**攀缘心**：缘，指人的心识对外境的作用，如眼见色、耳闻声等。攀缘心即攀缘事物之心。

⑩**自性**：众生本有的成佛的本性，与佛性同。

⑪**诸缘**：指人的心识所能分别的一切物质和精神的现象。

⑫**诸趣**：趣，所往之意，即众生因各自的业因所得到的果报，所谓"因能向果，果为因趣，故名为趣"。诸趣即众生所得到的各种果报，一般称五趣，指天、人、畜生、饿鬼、地狱，再加上阿修罗为六趣，又称六道。

⑬**五轮指**：说佛的指端有千辐轮纹。

⑭**前尘**：指妄心所现的尘境。

⑮**贼**：佛教把六尘称为六贼。

⑯**轮转**：指六道轮回，即众生各依自己的善恶业因在六道中生死交替，有如车轮旋转不停。

译文

当此之时，在大众中的阿难，从座位上站起来，偏袒着右肩，以右膝着地，合掌向佛礼拜，并对佛说："我是如来最年幼的弟弟，因蒙受到佛的慈心爱护，虽然现在出家了，仍然恃佛之怜爱而娇惯自己，所以虽以多闻著称，却未能得到解脱苦恼的无漏之法，不能破除娑毗罗咒而为其所制，几乎沉溺于淫舍之中。这是不知道真心实际所在而造成的。唯愿世尊发大慈哀悯之心，向我们开示真心所在的止观之路，以使一切断善根之人毁灭邪见，识佛正法。"阿难说完这些话之后，五体投地。而在座的大众也都倾心渴求，翘首伫望，以钦佩和敬仰的心情，期待着佛的教诲。

此时，世尊从他的面门中放射出种种佛光。其光闪耀，如同几百几千个太阳，使整个佛的神力所达到的世界发出六种震动，而这整个的十方世界也在同一时间展现出来，佛无比的神威使十方世界顿然合成一界。在这个十方世界中的一切菩萨们，此时皆在自己所在的国土中，合掌恭听佛的教诲。

佛告诉阿难："一切众生，从无始以来，就为种种虚妄颠倒的事理所迷惑，不知如何修行，从而使生死诸苦越积越深，形成自然种子，子子相生，没有中断。这就如同恶叉树上的果实落地，粒粒相连。因此，许多修行之人，不能成就最高的菩提觉性，而另外成就了声闻、缘觉二乘道果，甚至离开了佛的正法而心游于外道，成为诸天魔王以及他们的亲眷。这都是因为不知道真心和妄心这两种修行的根本所在，而以妄修视为真修的缘故。这就如同煮沙子而想变成美味佳馔一样，纵然经历尘沙劫而最终难成。

"什么是真心和妄心这两种修行的根本所在呢？阿难，一者是众生无始以来生死流转的根本，也就是现在你及所有众生以眼耳等六根攀附外在所闻见觉知的尘境而产生的妄心，都认为是独立实在的本性。其二是菩提涅槃的原本清净之体，也就是你现在本就具有的，本来自明的，能够识别一切的精妙的本心。此心最极微细，不生不灭，能生诸尘识，而又为诸识所不能自见的原明心体。许多众生由于不识自身本来自明的心体，所以终日修行而不能自悟，从而枉受六道轮回之苦。阿难，你现在想知道修行止观之路，盼望脱离生死诸苦，我现在再问你。”

这时，如来举起他金色的手臂，把有千辐轮纹的五指弯曲成拳状，然后对阿难说：“你现在看见了没有？”阿难说：“看见了。”佛说：“你看见了什么？”阿难说：“我看见如来举起手臂，再把五指弯曲成大放光明的拳头，以照耀我的心目。”佛说：“你是用什么看见的？”阿难说：“我和大家都是用眼睛看见的。”佛对阿难说：“你刚才回答我说：是如来弯曲五指而成有光明的拳头，以照耀你的心目。你的眼睛是可以看见的，但是当我的拳头照耀你的时候，你的心又在哪里呢？”阿难说：“如来现在追问我的心在哪里？现在，我用我的心进行推理和研究，或者观察和区分事物。因此，我认为这能推理的就是我的心体。”佛说：“咄！阿难，你所说的心不是你的心。”阿难惊愕地离开座位，合掌起立而对佛说：“这不是我的心，应该叫它什么？”佛告诉阿难：“这是你的妄识所显现的六尘的虚假的妄相。是它们迷惑你的真性，使你从无始以来到今日，认贼为子，而使本来的原明真心隐没，把妄想认为是真心之体，从而遭受轮回之苦。"

原典

阿难白佛言："世尊，我佛宠弟，心爱佛故，令我出家。我心何独供养如来，乃至遍历恒沙国土，承事诸佛及善知识①，发大勇猛，行诸一切难行法事，皆用此心。纵令谤法，永退善根②，亦用此心。若此发明不是心者，我乃无心，同诸土木。离此觉知，更无所有。云何如来，说此非心？我实惊怖，兼此大众，无不疑惑。唯垂大悲，开示未悟。"

尔时，世尊开示阿难及诸大众，欲令心入无生法忍③。于师子座，摩阿难顶，而告之说："如来常说，诸法所生，唯心所现。一切因果，世界微尘，因心成体。阿难，若诸世界一切所有，其中乃至草叶缕结，诘其根元，咸有体性。纵令虚空，亦有名貌。何况清净妙净明心，性一切心，而自无体。若汝执吝，分别觉观，所了知性，必为心者，此心即应离诸一切色香味触诸尘事业，别有全性。

"如汝今者承听我法，此则因声而有分别。纵灭一切见闻觉知，内守幽闲，犹为法尘④分别影事⑤。我非敕汝，执为非心。但汝于心微细揣摩，若离前尘有分别性，即真汝心。若分别性离尘无体，斯则前尘分别影事。尘非常住，若变灭时，此心则同龟毛兔角。则汝法身，同于断灭，其谁修证无生法忍？"

即时，阿难与诸大众，默然自失。佛告阿难："世间一切诸修学人，现前虽成九次第定⑥，不得漏尽成阿罗汉。皆由执此生死妄想，误为真实。是故，汝今虽得多闻，不成圣果。"

注释

①**善知识**：能教导众生远离十恶，修行十善者，所谓"闻名为知，见形为识，使人益我菩提之道，名善知识"（《法华文句》语）。

②**善根**：身口意三业之善，固不可拔，谓之善根；又善能生妙果，生余善，故谓之根。善根者，即不贪、不恚、不痴，一切善法由此而生。

③**无生法忍**：略云无生忍。忍者，忍耐，安忍；无生，即诸法不生不灭之实相。修行者深悟诸法不生不灭之理，心智寂灭，不为任何生灭法所动，谓之无生法忍。得此无生法者，不起不作诸种行业。

④**法尘**：与六根之一的意根相对的尘境，即意识所缘诸法。在十二处中称法处，在十八界中称法界。

⑤**影事**：六尘并非真实的存在，虚幻如影，故称前尘影事。

⑥**九次第定**：指色界之四禅和无色界之四无色定及灭受想定等九种禅定。以不杂他心，依次自一定入于他定，故称次第定，意为次第无间所修之九种定。

译文

阿难对佛说："世尊，我是佛所宠爱的兄弟，心中充满对佛的热爱，所以我才出家。我的心何只是唯独供养如来，当我走遍无数国家，去奉事十方诸佛以及善知识，用无比的勇猛去做一切困难的弘扬佛法之事时，也都是这种心支配的。既便是我真的诽谤佛法，永远的断尽善根，也是这个心支配的结果。如果我的这些行为不是我的心支配的，我就是一个没有心的人，就如同土木一样。我离开这种觉知之心，就再没有其他的心可得了。如来您为什么说此心不是我的心？我对此实在感到惊奇和恐怖！在座的大众也无不对此感到困惑不解。唯愿如来，以大慈大悲之心，开导尚未醒悟的我们大家。"

此时，世尊开示阿难以及在座的大众，欲使他们获得无生法忍，即远离生死诸苦，获得常住不灭的本妙真心。于是，如来在狮子座上抚摩阿难的头顶，并告诉他说："如来常说，世间万物的产生都是心的变化；一切由因缘所产生的万事万物，大至世界，小至微尘，都是依真心而成自体。阿难，如果十方世界的一切存在，其中包括草叶麻丝之类，追求其根源，都有体性，即便是虚空亦有其名称和相貌，更何况清净妙静的原明真心。一切万事万物都是真心所显现的影像，岂能没有自体。如果你坚持认为分别物类、推究事理的所了知性一定就是真心，那么，此心就应脱离一切色香味触诸尘所成就的事物和行业，独自有一个完整的体性。

"比如，如同你今天这样恭敬地听我说法，这是依据我的声音使你产生感知。假若熄灭一切见闻觉知，而使内心处在寂灭的状态之下，这仍然是六尘中意识所显现的一种虚幻的存在。我不是一定要你承认觉了知性不是真心，但你要在心中仔细地琢磨一下，如果离开了眼前的六尘而存在觉了知性，我就承认那是你的真心。如果你的觉了知性，离开了六尘外境就不复存在，就是说，眼前所显现的六尘境地是心识所变现的虚幻的存在。六尘是处在生灭变化之中，当它们处在坏灭之时，此觉了知性也就随着外境的灭亡而不复存在。这就如同龟毛兔角一样，皮之不存，毛将安附？你的有生灭的生身，同样是处在生灭变化之中，如果你坚持你的觉了知性是常住真心，如果此心消灭了，你持何身修习无生法忍？"

是时，阿难与在座的大众都知道自己所持的观点是错误的，个个默然无语。佛进而对阿难说："世间一切修学之人，虽然成就了九次第定，即断灭了一切心识，但不能解脱烦恼，证成阿罗汉果。这都是因为坚持此生死之身所成妄想是真实的，而不辨真妄。正因为如此，你现在虽知道的很多，却不能成就圣果。"

原典

阿难闻已，重复悲泪，五体投地，长跪合掌，而白佛言："自我从佛发心出家，恃佛威神。常自思惟，无劳我修，将谓如来，惠我三昧。不知身心本不相代，失我本心。虽身出家，心不入道。譬如穷子，舍父逃逝①。今日乃知，虽有多闻，若不修行，与不闻等。如人说食，终不能饱。世尊，我等今者，二障所缠，良由不知寂常心性。唯愿如来，哀悯穷露，发妙明心，开我道眼。"

即时如来，从胸卍字②涌出宝光。其光晃昱，有百千色，十方微尘，普佛世界，一时周遍。遍灌十方所有宝刹诸如来顶，旋至阿难及诸大众。

告阿难言："吾今为汝建大法幢③，亦令十方一切众生获妙微密性净明心，得清净眼④。阿难，汝先答我见光明拳。此拳光明，因何所有，云何成拳，汝将谁见？"阿难言："由佛全体阎浮檀金⑤，艳如宝山，清净所生，故有光明。我实眼观，五轮指端屈握示人，故有拳相。"

佛告阿难："如来今日实言告汝，诸有智者，要以譬喻而得开悟。阿难，譬如我拳，若无我手，不成我拳。若无汝眼，不成汝见。以汝眼根，例我拳理，其义均不？"阿难言："唯然。世尊，既无我眼，不成我见。以我眼根，例如来拳，事义相类。"

佛告阿难："汝言相类，是义不然。何以故？如无手人，拳毕竟灭。彼无眼者，非见全无。所以者何？汝试于途，询问盲人，汝何所见。彼诸盲人必来答汝：'我今眼前，唯见黑暗，更无他瞩。'以是义观，前尘自暗，见何亏损？"阿难言："诸盲眼前，唯睹黑暗，云何成见？"

佛告阿难："诸盲无眼，唯观黑暗，与有眼人处于暗室。二黑有别，为无有别？""如是。世尊，此暗中人，与彼群盲，二黑校量，曾无有异。"

"阿难，若无眼人，全见前黑，忽得眼光，还于前尘见种种色，名眼见者。彼暗中人，全见前黑，忽获灯光，亦于前尘见种种色，应名灯见。若灯见者，灯能有见，自不名灯。又则灯观，何关汝事？是故当知，灯能显色。

如是见者，是眼非灯，眼能显色。如是见性，是心非眼。"

阿难虽复得闻是言，与诸大众口已默然，心未开悟，犹冀如来慈音宣示，合掌清心，伫佛悲诲。

注释

①**譬如穷子，舍父逃逝**：这是一个比喻，是说一个富家子，因幼稚而离家出走，结果受尽煎熬。其父为了教育其子，逐步改变他的处境，使其去掉劣根，认识自己的本来面目。

②**胸卐字**：卐字是佛的三十二相之一，居于佛的胸前。梵文音译曰阿悉底迦，意曰有乐，是吉祥胜德之相。

③**大法幢**：幢，此幡为旗，是用丝帛制作的，用高竿悬起的庄严饰物。法幢，比喻妙法高耸，如幢高悬。

④**清净眼**：又称清净法眼，佛教所讲五眼之一。五眼即肉眼、天眼、慧眼、法眼、佛眼。法眼是众菩萨所具有的，为普度众生而照见一切法门的智慧眼。

⑤**阎浮檀金**：阎浮为树名，檀为河，即阎浮林中有河，其河下有金，称阎浮檀金。

译文

　　阿难听后，再次悲痛泪流。他五体投地，长跪合掌而对佛说："自从我跟随佛诚心出家以来，常常自己在想，以为有佛的神威，何苦劳我自己去苦苦修行呢！如来一定会恩赐我成就佛智的三昧定力。岂不知身心本来是不能相互替代的。如果持妄心而失去真心，虽然出家为僧，身受佛戒，但心还是没有入道。就譬如离开父亲而受穷苦的游子那样，不识真心而趋向邪妄。今天我才认识到，我虽然亲在佛的身旁，知道的很多，但如果不勤加修行，就等于什么也没有听到；就如同听别人谈论吃饭一样，自己终究是不会饱的。世尊，我以及大众现在被烦恼和所知这两种障碍所纠缠，而不能悟知寂静常住的心性，唯愿如来怜悯我们这些既无功德又缺少慈爱的人吧！启发我们的智慧使真妄显现的妙明之心，明亮我们的抉择分明的有道之眼。"

　　此时，如来从胸前卍字相中放射出宝光，其光有百千种色彩，比日月还要明亮，一时照遍了十方诸佛世界的一切微尘，洞彻十方一切佛刹的所有的如来顶，不久又照射着阿难以及在座的大众。

　　佛告诉阿难说："我现在为你建立显示根本智性的大

法幢，同时要使十方一切众生都能获得本来寂静而无形声的微妙密性和不曾污染了的本觉明心，以及远离生死诸尘，称理而周遍一切的清净眼。阿难，你先前回答我说：见了我的光明拳。我问你，此拳头为什么会有光明，拳头又是怎样形成的，你又看到了什么？"阿难说："佛全身上下的阎浮檀金放射着金黄色的光焰，像一座宝山，是清净所生，因此而有光明。此光明我是用眼睛看到的。您把您的五轮手指弯曲后又握在一起给我们大家看，因而才有了您的拳头的相。"

佛告诉阿难："如来今天实话告诉你吧！许多有智慧的人是要以譬喻才能使他们开悟的。阿难，譬如我的拳头，如果没有我的手，就不会有我的拳头。如果没有你的眼睛，就不会有你的所见。以你的眼根与尘境的关系比喻我的拳头的形成，这两者的意义能够等同吗？"阿难说："可以的，世尊，既然没有我的眼睛，就不会形成我的所见。以我的眼根，比例如来的拳头，两件事的意义有类似的地方。"

佛对阿难说："你言说其意义相类似，其实不然，为什么？比如没有手的人，他的拳头也就根本不存在了；而那些没有眼睛的人，并不是什么也看不见。为什么这样说呢？你试着在马路上问一问盲人：'你看见了什么？'这些盲人一定会回答你说：'我现在眼前唯一看到的是黑暗，此外再没有看见什么东西。'从这个意义上说，眼前的尘境是自暗，见暗亦是见，对于见来说并没有损伤。"阿难说："盲人们的眼前，只见到一片黑暗，何以能说成见？"

佛对阿难说："盲人们没有了眼睛，只能看见黑暗，这与有眼睛的人，在暗室中所见到的一片黑暗，这两种黑暗有区别，还是没有区别？"阿难回答说："是这样的，世尊，处在暗室中的人，与那些盲人所见到的黑暗相比较，确实没有什么不同。"

佛说："阿难，如果盲人见到的完全是一片黑暗，忽然，眼睛复又明亮，重新见到了外界的形形色色的东西，这就叫作眼见。而处在暗室中的那些人，眼前的一切也是一片黑暗，忽然，获得灯光，而见到眼前形形色色的东西，这应当称其为灯见。如果称作灯见，灯就应该有见。这样，灯也就不能称作灯了。再说，如果是灯在观见，与你又有什么关系？因此，应当知道，灯只能照见物体，如果说有见，那是眼睛而不是灯。而眼睛也只是显现物体，具有见这种体性的是心，并不是眼睛。"

阿难听到世尊的这些话，与在座的大众无言以对而默默思索，但其心并没有开悟，仍然希望如来进一步宣讲慈音。因此，他们个个合掌静心，等待着佛的教诲。

尔时，世尊舒兜罗绵网相光手，开五轮指，诲敕阿难及诸大众："我初成道，于鹿园中，为阿若多五比丘①等，及汝四众言：一切众生不成菩提及阿罗汉，皆由客尘②烦恼所误。汝等当时因何开悟，今成圣果？"时，憍陈那起立白佛："我今长老③，于大众中，独得解名。因悟客尘二字成果。世尊，譬如行客，投寄旅亭，或宿或食。食宿事毕，俶④装前途，不遑安住。若实主人，自无攸往。如是思惟，不住名客，住名主人。以不住者，名为客义。又如新霁，清旸升天，光入隙中，发明空中诸有尘相。尘质摇动，虚空寂然。如是思惟，澄寂名空，摇动名尘。以摇动者，名为尘义。"佛言："如是。"

即时，如来于大众中屈五轮指，屈已复开，开已又屈。谓阿难言："汝今何见？"阿难言："我见如来百宝轮掌，众中开合。"佛告阿难："汝见我手众中开合，为是我手有开有合，为复汝见有开有合？"阿难言："世尊，宝手众中开合，我见如来手自开合，非我见性有开有合。"佛言："谁动谁静？"阿难言："佛手不住，而我见性尚无有静，谁为无住。"佛言："如是。"

如来于是从轮掌中飞一宝光在阿难右，实时阿难回首右盼。又放一光在阿难左，阿难又则回首左盼。佛告阿难："汝头今日何因摇动？"阿难言："我见如来出妙宝光来我左右，故左右观，头自摇动。""阿难，汝盼佛光左右动头，为汝头动，为复见动？""世尊，我头自动。而我见性尚无有止，谁为摇动？"佛言："如是。"

于是如来普告大众："若复众生，以摇动者名之为尘，以不住者名之为客。汝观阿难，头自动摇，见无所动。又汝观我，手自开合，见无舒卷，云何汝今以动为身，以动为境？从始洎终，念念生灭。遗失真性，颠倒行事。性心失真，认物为己，轮回是中，自取流转。"

注释

①**阿若多五比丘**：阿若多，全称曰阿若多侨陈那；五比丘，指包括阿若多侨陈那在内的，释迦牟尼佛成道后最初所度的五位弟子，其他四位的名字是：颊鞞、拔提、十力迦叶、摩利拘利。

②**客尘**：是对烦恼的形容。心本清净，无有尘垢，因心迷而生烦恼。烦恼于心而为客尘。

③**长老**：比丘中的德高年长的。

④**俶**：开始意。

译文

这时，世尊舒展其像兜罗绵网那样厚实而柔软的大手，伸开有着光轮的五指，向阿难及在座的大众宣说道："我最初成道之时，在鹿野园中，对阿若多等五比丘及你等四众弟子说：一切众生不能成就菩提觉性和阿罗汉果，都是由于被客尘烦恼所误。你们当时是因为什么而开悟的，并成就了今天的圣果？"这时，憍陈那从座位上站起来并对佛说："我现在已经成为长老，在众弟子中以最早理解佛的教法而独得'解'名。我是因为解悟了'客尘'二字而成圣果的。世尊，譬如一外出的旅客，投宿在一家旅店之中，食宿以后，又整装去往他方，而不会安心地住了下来。如果是旅店的主人，自然不会这样。我是这样想的：不住者名为客人，而常住者名为主人，以不常住者名为客义。又如雨过天晴，清新的太阳升起，阳光从空隙中进入室内。从进入室内的光线中，看到虚空中有许多尘粒。尘粒在光线中晃动，而虚空则寂然不动。我是这样想的，寂然不动的名空，而在光线中摇动的名尘，以摇动者名为尘义。"佛说："是这样的。"

就在此时，如来在大众之中，先弯曲他有着光轮的五指，然后再伸开；伸开之后又再次弯曲，之后对阿难说："你现在看见了什么？"阿难说："我看见如来有着百宝光轮的手，在大众中开合。"佛对阿难说："你看见我的手在大众中开合，是我的手有开有合，还是你的见有开有合？"阿难回答说："世尊，是您的宝手在大众中开合，并不是我的有见之性有开有合。"佛说："是谁在动，谁又是处在静中？"阿难说："佛的手在动，而我的能见之性是从来不动的，根本说不上处在静中，何言动与不动？"佛说："是这样的。"

于是，如来从轮掌中放射出一束宝光，照射在阿难的右方，阿难转过头向右看；如来又射出一束宝光在阿难的左方，而阿难又把头转向左看。佛对阿难说："你的头今天为什么来回摇动？"阿难说："我看见如来放射出妙宝之光照射在我的左右，所以我左右观望，头也就随之摇动。"佛说："阿难，你为了看见佛光，而使头左右摇动，是你的头动，还是你的见动？"阿难说："世尊，我的头是自己在动，而我的能见之性从来都不曾停止，更谈不上有谁来摇动它了。"佛说："是这样的。"

于是，如来对在座的所有的人说："譬如还有众生把摇动的叫作尘，把不常住的名之为客。你们都看见了，阿难的头是自己在摇动，而他的见并没有动。你们也看见了，我的手是自己在开在合，而见并没有舒开卷起之性。你们为什么今天说，以动摇的身，以动摇的为尘境呢？你们从有生以来以至今日，都在念念不忘有生有灭的身境妄相，从而遗失了真常的妙性而不辨真妄，以致所行之事一一颠倒。既然失去真常妙性，所以把尘境识为真身，由此陷入轮回之中，不得解脱。"

2 卷二

尔时，阿难及诸大众，闻佛示诲，身心泰然。念无始来，失却本心，妄认缘尘分别影事。今日开悟，如失乳儿忽遇慈母。合掌礼佛，愿闻如来显出身心真妄虚实，现前生灭与不生灭，二发明性。时，波斯匿王起立白佛："我昔未承诸佛诲敕，见迦旃延①、毗罗胝子②，咸言：此身死后断灭，名为涅槃③。我虽值佛，今犹狐疑。云何发挥，证知此心，不生灭地？今此大众，诸有漏者，咸皆愿闻。"

佛告大王："汝身现在，今复问汝：汝此肉身，为同金刚④常住不朽，为复变坏？""世尊！我今此身终从变灭。"佛言："大王，汝未曾灭，云何知灭？""世尊，我此无常变坏之身，虽未曾灭，我观现前，念念迁谢，新新不住，如火成灰，渐渐销殒，殒亡不息。决知此身，当从灭尽。"

佛言："如是大王。汝今生龄，已从衰老，颜貌何如童子之时。""世尊，我昔孩孺，肤腠润泽。年至长成，血气充满。而今颓龄，迫于衰耄，形色枯悴，精神昏昧，发白面皱，逮将不久。如何见比充盛之时？"

佛言："大王，汝之形容，应不顿朽。"王言："世尊，变化密移，我诚不觉，寒暑迁流，渐至于此。何以故？我年二十，虽号年少，颜貌已老初十岁时。三十之年，又衰二十。于今六十，又过于二，观五十时，宛然强壮。世尊，我见密移，虽此殂落，其间流移，且限十年。若复令我，微细思惟，其变宁唯一纪⑤二纪，实为年变。岂唯年变，亦兼月化。何直月化，兼又日迁。沉思谛观⑥，刹那刹那，念念之间，不得停住。故知我身，终从变灭。"

佛告大王："汝见变化，迁改不停。悟知汝灭，亦于灭时，汝知身中有不灭耶？"波斯匿王合掌白佛："我实不知。"佛言："我今示汝不生灭性。大王，汝年几时，见恒河水？"王言："我生三岁，慈母携我谒耆婆天⑦，经过此流，尔时即知是恒河水。"

佛言："大王，如汝所说，二十之时，衰于十岁，乃至六十。日月岁时，念念迁变，则汝三岁见此河时，至年十三，其水云何？"王言："如三岁时，宛然无异，乃至于今，年六十二，亦无有异。"佛言："汝今自伤，发白面皱，其面必定皱于童年。则汝今时，观此恒河，与昔童时观河之见，有童耄不？"王言："不也，世尊。"佛言："大王，汝面虽皱，而此见精，性未曾皱。皱者为变，不皱非变。变者受灭，彼不变者，元无生灭，云何于中受汝生死，而犹引彼末伽黎⑧等，都言此身死后全灭。"

注释

①**迦旃延**：人名。有两人，一为佛的十大弟子之一，称摩诃迦旃延子，以"议论第一"著称。一为古代印度与佛同时的外道大师名。此处指后者。

②**毗罗胝子**：人名。与佛同时的外道大师名，主张苦行。

③**涅槃**：梵文的音译，意为灭度。它是佛教修行的最高境界，即超脱世间一切烦恼的绝对清净的境界，是对生死诸苦及其根源的彻底断灭。

④**金刚**：即金中之精，又可指金刚石，所谓"百炼不销，至坚至利"。

⑤**一纪**：十二年为一纪。

⑥谛观：谛，真实不虚之意，谛观即真观。

⑦耆婆天：长命之天，此天为帝释天的侍卫。古印度人奉祀此天是为了长寿。

⑧末伽黎：人名，末伽梨拘赊梨之略，亦为古印度外道师之一，主张人死后一切都消灭了。

译文

这时，阿难以及在座的大众在听到佛的教诲之后，身心都感到十分安然。想到自有生以来不识真常之本心，而错误地把妄识所显现的尘影当作实有。今日觉悟了，就好像哺乳期的婴儿失去母乳后再次见到母亲一样。他们合掌礼敬佛陀，愿听如来宣讲身心的真妄虚实，阐明眼前所见生灭妄相和不生不灭的真性的意义。当时，波斯匿王从座中站起，并对佛说："我过去尚未承受诸佛教诲的时候，见过迦旃延和毗罗胝子，他们都说：人的身体死后就一切消灭了，称作涅槃。我现在虽然身在佛的住所，听佛说法，但仍然犹豫不决。如何才能证得此心是没有生灭之体，现在在座的大众中，凡是没有断尽烦恼者都愿意听佛讲说这方面的道理。"

佛告诉大王："您之身现在在我的面前，我现在反过来问您：您现在的肉身是如同金刚那样永远不朽呢，还是最终要变坏的？""世尊，我现在的肉身，最终是要灭亡的。"佛说："大王，您还没有死，您怎么能知道您的身体要消灭？""世尊，我这身躯不可能永存，且最终将要变坏之身虽然还没有消灭，但我观察到，我的思念是不断地在变迁，前念灭后，后念又生，新的东西在变旧且永远没有止息的时候。就像燃薪成火，火复成灰，薪柴渐渐消失一样。从这种永不止息的殒灭的现象中知道，我这肉身一定是要归于消灭的。"

佛说："是这样的。大王，您现在的生身已到了衰老的年纪，容貌能否与少年之时相比？""世尊，我在孩童之时，皮肤光滑润泽；及至成年，血气方刚而容光焕发；而今已到了颓败的年纪，迫在衰耄，脸色憔悴，精神昏昧，头发白了，脸上也布满了皱纹，将不久于人世，如何能与当年气盛之时相比？"

佛说："大王，您的容颜并不是一下子就衰老的吧？"王说："世尊，这种变化十分微细，我自己是觉察不到的，我是在寒暑交替，岁月流逝中渐渐地走到了今天的这种地步。为什么这样说呢？我二十岁时，虽说年轻，但容貌已比十岁时老多了；当我三十岁时，又比二十岁时衰老多了；现在，我已六十二岁了，如果再回顾五十岁时，我那时还宛然是一位强壮的人。世尊，我所见到的这种人生细微的变化，以至日渐走向老死，其间的迁移变化，往往要十年才能看得出来。但是，假若再让我仔细思惟，这种变化岂止是以一纪二纪计算，实际上是一年一年地在变化；岂止是一年一年地变化，而是一月一月地在变化；再进一步看何只是一月一月地变，而是一天一天地迁流变化。我仔细地考虑观察，这种变化是在刹那之中，是在念念之间，从无停息之时。由此知道，我的生身最终是要在这种变化中走向灭亡的。"

佛告诉大王："您看到了变化的迁流不息，认识到您的生身是终究要在某一时刻死亡的。但是，您是否知道您的身中还有不灭的东西？"波斯匿王合掌对佛说："世尊，我实在是不知道。"佛说："我现在告诉您不生不灭之性。大王，您在多大岁数见到恒河之水的？"王说："我三岁时，慈母带着我去礼拜耆婆天神，经过这条河，那时就知道恒河。"

佛说："大王，如您所说，二十岁时，比十岁时衰老，乃至六十岁，在一日一月一年的时间里几乎念念之间都在迁流变化。那么，在您三岁时看到的这条河，到您十三岁时它成了什么样子？"王说："与三岁时看到的一模一样，就是到了现在，我已六十二岁了，河水还是那样。"佛说："您现在独自伤感头发白了，脸上的皱纹多了，说明您的容貌一定比童年老多了。那么，您现在所看到的恒河，与您在孩童之时所看到的恒河，有没有少年和老年的区别呢?"王说:"没有,世尊。"佛说:"大王,您的脸上虽已布满皱纹,但您精细的见性却未曾变皱。皱者是变化,不皱者是没有变化的。有变化的就要走向灭亡,而没有变化的,本来就无生无灭,何言与您之身同样有生有灭?更不能引用末伽黎一类外道们说的话,说什么此身死后一切都消灭了。"

原典

王闻是言,信知身后舍生趣生,与诸大众踊跃欢喜,得未曾有。阿难即从座起,礼佛合掌,长跪白佛:"世尊,若此见闻,必不生灭。云何世尊,名我等辈,遗失真性,颠倒行事?愿兴慈悲,洗我尘垢。"

即时如来,垂金色臂,轮手下指,示阿难言:"汝今见我母陀罗手①,为正为倒?"阿难言:"世间众生以此为倒,而我不知,谁正谁倒。"佛告阿难:"若世间人,以此为倒,即世间人,将何为正?"阿难言:"如来竖臂兜罗绵手,上指于空,则名为正。"佛即竖臂告阿难言:"若此颠倒,首尾相换,诸世间人,一倍瞻视,则知汝身与诸如来清净法身,比类发明。如来之身,名正遍知。汝等之身,号性颠倒。随汝谛观,汝身佛身,称颠倒者,名字何处,号为颠倒。"

于时阿难与诸大众，瞪瞢瞻佛，目睛不瞬，不知身心颠倒所在。佛兴慈悲，哀愍阿难及诸大众，发海潮音②，遍告同会诸善男子："我常说言，色心诸缘③及心所④使诸所缘法，唯心所现。汝身汝心，皆是妙明真精妙心中所现物。云何汝等，遗失本妙圆妙明心，宝明妙性，认悟中迷。晦昧为空，空晦暗中，结暗为色。色杂妄想，想相为身。聚缘内摇，趣外奔逸。昏扰扰相以为心性。一迷为心，决定惑为色身之内。不知色身，外洎山河虚空大地，咸是妙明真心中物。譬如澄清百千大海，唯认一浮沤体，目为全潮，穷尽瀛渤。如等即是迷中倍人，如我垂手，等无差别。如来说为可怜愍者。"

注释

①**母陀罗手**：母陀罗译曰印，或封，意为用手结手印以表示吉祥。母陀罗手即吉祥手。

②**海潮音**：意喻声音很大，如同海潮。又喻佛所说法的时机如同海潮，不违其时。

③**色心诸缘**：色，指有形质的万物；心指无形质而有知觉的心识。它们都是因缘和合而生，故称色心诸缘。

④**心所**：心所有法之略。佛教把世界的万事万物（诸法）分为五大类称五位，即：色法，有形质之法；心

法，能知觉事物之法；心所法，随附于心法为心法所有之法；不相应法，不随附于心法者；无为法，不生不灭的常住之法。小乘五位又分成七十五法（小类），大乘法相宗则分成一百法。

译文

王听到佛的这些话后，相信在此身死后，身体虽然寂灭了，但生命并没有结束。舍去了现今的生命，又趋向新的生命。因为听到了从未听到过的道理，所以与在座大众一起欢喜踊跃。就在这时，阿难从座位上站起来，合掌向佛行礼，并跪下向佛说："世尊，如果这些所见所闻必定不生不灭，那么为什么又说我们这些人遗失了真常之妙性而行颠倒之事？愿我佛大发慈悲，洗掉我们蒙在真常妙性之上的尘垢。"

此时，如来垂下金色的手臂，以手下指，向阿难说："你现在看我的手，是正还是倒？"阿难说："按世间众生的说法，以此为倒。但我不知谁是正谁是倒。"佛对阿难说："如果世间人以此为倒，那么，世间之人把什么看作正呢？"阿难说："如来把手臂竖起来，把您的大手指向天空，这就是正。"佛随即把手臂竖起来并告诉阿难说："如若是这样的话，首尾调换，世间之人都会很容易看到的。以此为例，类比你们的身和诸如来的清净法身，则知如来之身名正而遍知一切，而你们的身则号称性颠倒身。现在，任随你们去观察自己的身体或佛身，如果此身被称作颠倒身，那么颠倒之处在身中的什么地方？"

这个时候，阿难及诸大众个个目瞪口呆，目不转睛地瞻视着佛面，不知身心颠倒之处到底在什么地方。佛以慈悲之心，怜慰阿难及诸大众，不失时机地发出如同海潮般的声音，遍告在座的所有听众："诸位善男子们，我常说，世间一切有形的东西以及人的心识所产生的种种意识行为，所有这一切世间的万事万物皆是心的变现。包括你们的身体和心体也是妙明真心所显现的虚幻之物。为什么说你们遗失了本妙真心和宝明妙性，把本来不是颠倒的东西视为颠倒的呢？迷失了本来妙明的心性而使心体晦暗，心体晦暗而外显虚空之相，晦暗的心体与空相在暗中结合形成有形质的色体，色身与妄想相杂而成众生之身。此身在内受外界的影响而思念不断，在外则追逐尘境而无以止息。将此昏晦的相体认为是真实的心性，一经迷失了心性而固执不改，还自以为心在色身之内，而不知色身以及身外的山河、虚空、大地都存在于妙明真心之中。这就好比置清澄的百千大海而不顾，而只认水上的一滴水泡，以为这就是无穷无尽的大海。你们就是这种加倍迷妄之人，就如同把我下垂的手视作倒，再把上举的手视为正而一迷再迷是一样的。这种人如来是称之为可怜者。"

阿难承佛悲救深诲，垂泣叉手而白佛言："我虽承佛如是妙音，悟妙明心，元所圆满常住心地①。而我悟佛现说法音②，现以缘心，允所瞻仰。徒获此心，未敢认为本元心地。愿佛哀悯，宣示圆音③，拔我疑根，归无上道④。"

佛告阿难："汝等尚以缘心听法，此法亦缘，非得法性⑤。如人以手指月示人，彼人因指当应看月，若复观指以为月体，此人岂唯亡失月轮，亦亡其指。何以故？以所标指为明月故。岂唯亡指，亦复不识明之与暗。何以故？即以指体为月明性，明暗二性无所了故。汝亦如是。若以分别⑥我说法音为汝心者，此心自应离分别音，有分别性。

"譬如有客寄宿旅亭，暂止便去，终不常住。而掌亭人都无所去，名为亭主。此亦如是。若真汝心，则无所去。云何离声无分别性？斯则岂唯声分别心。分别我容，离诸色相，无分别性。如是乃至分别都无，非色非空。拘舍离⑦等昧为冥谛⑧，离诸法缘无分别性。则汝心性，各有所还，云何为主?" 阿难言: "若我心性各有所还，则如来说妙明元心，云何无还? 唯垂哀悯，为我宣说。"

佛告阿难: "且如见我见精明元，此见虽非妙精明心，如第二月，非是月影。汝应谛听，今当示汝无所还地。阿难，此大讲堂，洞开东方。日轮升天，则有明耀。中夜黑月，云雾晦暝，则复昏暗。户牖之隙，则复见通。墙宇之间，则复观壅。分别之处，则复见缘。顽虚⑨之中，遍是空性。郁埻之象，则纡昏尘。澄霁敛氛，又观清净。阿难，汝咸看此诸变化相，吾今各还，本所因处。云何本因?

"阿难，此诸变化，明还日轮。何以故? 无日不明，明因属日，是故还日。暗还黑月，通还户牖，壅还墙宇，缘还分别，顽虚还空，郁埻还尘，清明还霁。则诸世间一切所有，不出斯类。汝见八种见精明性，当欲谁还，何以故? 若还于明，则不明时，无复见暗。虽明暗等种种差别，见无差别。诸可还者，自然非汝。不汝还者，非汝而谁。则知汝心本妙明净，汝自迷闷，丧本受轮，于生死中，常被漂溺。是故如来，名可怜悯。"

注释

①**心地**: 佛教认为心为万法之本，能生一切诸法，

故名心地。

②**法音**：佛说法的声音。

③**圆音**：亦指佛说法的声音，其音圆妙。

④**无上道**：如来所成之道，指最高的道果，与菩提同意，所谓"菩提云道，无上正遍知果道也"（隋吉藏语）。

⑤**法性**：法即万事万物，法性即万法之本体。万法处在生灭变化之中，而法性不变。

⑥**分别**：佛教的重要概念，是心和心所的基本作用，故有"言分别者，有漏三界心，心所法以妄分别为自体故"（唐窥基《成唯识论述记》）。分别，即心对客观事物及其规律性的识别。分自性分别、计度分别、随念分别三种。分别是产生烦恼的根本原因，断除分别即可成就涅槃，所谓"法归分别，圣归涅槃"。

⑦**拘舍离**：人名，古印度外道师名。译曰牛舍，其母因生于牛舍之中故名。

⑧**冥谛**：印度外道数论师的主张之一，认为万物的本源在最初是不可知的，渺茫难见，故名冥谛；千变万化的事物皆由此生，故又云自性、胜性。

⑨**顽虚**：一切都不存在的绝对的空虚。

译文

阿难承受佛的慈悲救度和深切教诲之后，合掌哭泣着对佛说："我虽然承听到佛如是的妙音，领悟到妙明之心原本就包容着世间的万事万物而常住不灭。但是，我所以能领悟到佛现在所说的道理，是在佛的允许下，用我能分别外境的心识，直接从佛的演讲中才获得的。我不敢认为这就是妙明原本心地。愿佛怜悯我们，宣示圆妙之音，拔掉我们常自疑惑的根性而归于无上之道。"

佛告诉阿难："你们都还是从我的语言声音中听我讲法，那么，你们所听到的还是我的音声，并没有得到法性。就好像用手指月亮给一个人看，那个人应该根据手指的方向去看月亮。如果只是以观看指头就以为是月亮之体，此人岂止是丢掉了月亮，也丢掉了他的指头。为什么呢？因为他是把指月亮的指头当作明月，这样，他岂止丢掉了指头，也是不认识明和暗的区别。为什么？因为他是把指头看作月亮的明性，从而使明和暗两种性质混淆不清。你也是这样。如果你以听佛说法而产生的分别之心为自心，此心自然应该是能够离开所分别的声音，而有其分别之自性。

"譬如有客人寄宿旅亭，住几天就会离去，最终是不会常住的。而掌管旅亭的人则没有别的去处，故名亭主。真常之心也是这样。如果此心是你的真常之心，它是没有别的去处的，怎么能说离开佛的音声就没有分别之自性呢？这种随着声音的分别之心就如同分别我的容貌一样，离开诸种色相就不会有分别之心性。如是类推，乃至离开香味触等法，一切分别也就不存在了。这样，一切都无所见，一切都又不是空，像拘舍离等外道人那样，不能通达真谛，离开对尘境万物的认识，就不存在心的分别之性，这种分别之心性是随着尘境而生，尘境消失了，分别之性也就消失了，因此它就不是常住的主人。"阿难说："如果说，我的心性各有所归，那么如来所指示的妙明真心为什么没有归宿？唯请如来怜悯，为我们宣说这方面的道理。"

佛回答阿难说："当你看我的时候，能看到我的，是你的能见之心。此见心虽然不是妙明真心，如以手捏目所看到的虚妄的第二月，并非水中的月影。你现在认真地听我讲，我当为你讲说真心原本无去无来的道理。阿难，这座大讲堂，向东方敞开着大门，当东方日出之时，讲堂闪耀着光亮。时至夜半，云雾遮住了月光，讲堂又变得一片昏暗；从窗户的缝隙中看到的是通达，从墙壁之间则看到的是阻塞；从眼前尘境中看到的是种种千差万别的物相，而在绝对的虚空中则是一无所有；郁结之像看来是混浊一团，而雨过天晴之后又可看到清净。阿难，你们看到的此种种变化之相，我现在各还其本来所形成的原因。什么是本来的成因？

"阿难，此种种变化，明来自太阳的光轮。为什么？没有太阳就没有光明，光明是属于太阳的，是故明是来自太阳。暗来自被云雾遮黑的月亮。通达来自门窗，阻塞来自墙宇，千差万别的物相来自分别，一无所有来自绝对的虚空，郁结之像来自混浊，清明来自雨后的晴天。世间的一切现象都出自这八种现象。你们能看到此八种现象精明的见性来自哪里呢？为什么这样问呢？如果来自明，则没有明亮之时就无法见到暗。虽然明暗等有种种差别，但见性是没有差别的。以上诸种现象皆有其产生的原因，这些原因自然不是你的见性，然而如果不是来自你的见性又来自哪里呢？由此知道，你的心本来妙明清净，是你自己迷而不知，遗弃本明而陷于轮回，在生死尘境中漂溺。正因为这个原因，如来称你们是可怜悯者。"

原典

阿难言："我虽识此见性无还。云何得知是我真性？"

佛告阿难："吾今问汝，今汝未得无漏清净，承佛神力，见于初禅①，得无障碍。而阿那律②，见阎浮提③，如观掌中庵摩罗果④。诸菩萨等，见百千界。十方如来，穷尽微尘清净国土，无所不瞩。众生洞视，不过分寸。

"阿难，且吾与汝观四天王所住宫殿⑤，中间遍览水陆空行，虽有昏明种种形像，无非前尘分别留碍。汝应于此分别自他。今吾将汝择于见中，谁是我体？谁为物相？阿难，极汝见源，从日月宫，是物非汝。至七金山⑥，周遍谛观，虽种种光，亦物非汝。渐渐更观，云腾鸟飞、风动尘起、树木山川、草芥人畜，咸物非汝。阿难，是诸近远诸有物性，虽复差殊，同汝见精清净所瞩，则诸物类自有差别。见性无殊，此精妙明，诚汝见性。

"若见是物，则汝亦可见吾之见。若同见者，名为见吾。吾不见时，何不见吾不见之处？若见不见，自然非彼不见之相。若不见吾不见之地，自然非物，云何非汝？又则汝今见物之时，汝既见物，物亦见汝，体性纷杂。则汝与我，并诸世间，不成安立。阿难，若汝见时，是汝非我。见性周遍，非汝而谁。云何自疑汝之真性，性汝不真，取我求实。"

注释

①初禅：小乘四禅之一。四禅又称四静虑，是色界

的四种禅定。初禅即修行者初离欲界，通过思维观想而得到的一种感受，又称观受。

②阿那律：人名，佛的十大弟子之一，以"天眼第一"著称。

③阎浮提：阎浮，树名；提译曰洲。阎浮提即南赡部洲，此洲的中心有阎浮提树林。

④庵摩罗果：又译曰阿摩洛迦，意译曰天果。《大唐西域记》云："阿摩洛迦，印度药果之名也。"

⑤四天王所住宫殿：据佛经载四天王宫在须弥山上。须弥山是古印度神话中的名山，它是人类世界的中心，周围有八山八海。山顶是帝释天所居，四大天王居于须弥山的四埵，分管四大部洲。四天王，指欲界六天中的四天王天之王，又称"护世四天王"，分别为东方持国天王、西方广目天王、南方增长天王、北方多闻天王。

⑥七金山：即围绕在须弥山周围的七重金山。

译文

阿难说："我虽然认识到见性不是由其他原因产生的，是我自身所具有的，但如何得知它就是我心的真性?"佛告诉阿难说："我现在问你，你现在刚刚证得初果，还没证得不污染无烦恼的境界，所以只能仰仗佛的神力，见初禅而得自在无碍；而阿那律看阎浮提就好像看手中的庵摩罗果；诸菩萨们能看百千世界；十方如来则能穷尽微尘清净国土而无所不在他的视线之下；而众生所能看到的范围不过在方寸之间。

"阿难，我们一起观看四天王所住宫殿，遍观其间水里、陆上及空中的一切。它们虽有昏暗明亮等种种形象，无非都是尘境中可分别的物体，你应当从中区别谁是自己的见性和谁是物体。我现在叫你于所见之中进行拣择，谁是见体？谁是物象？阿难，穷尽你的见性，从日月宫看起，那是物象而非见性。至近，遍观七金山，虽放射出种种光芒，但依然是物象而非你的见性；再靠近看，可以看到云腾鸟飞、风吹尘起、树木山川、草芥人畜，这一切也都是物象而非你的见体。阿难，如是等或远或近的所有的一切，其物性虽千差万别，但同是你的清净之精见所瞩目的范围。由此可知诸种物类自有差别而见性则没有不同。这种妙明真见就是你的见性。

"如果见性是物，则你就可以看见我的见。如果你和我同见一物时，我的见既然已经见到彼物，你见到彼物也就是见到了我的见；如果我不见彼物，则为不见，此不见之体你应见到，为何见不到呢？如果你能够见到我的不见之体，此不见之体就自然不是不见之相；如果见不到我的不见之体，我之见自然就不是物了，你的见也就不是物。既然不是物，当然就是你的见性。再说，见性是物，当你看见彼物之时，你既然看见了彼物，彼物也就看见了你。人和物，体性纷然混杂，你和我，以及整个世间因相混淆，而难以成立了。阿难，如果你见我时，只是你看见我，不是我看见你，彼此分辨十分清楚。你的见性遍观一切，不是你的又是谁的呢？你为什么要怀疑自己的见性是真，而要从我的话中去求其真实呢？"

原典

阿难白佛言："世尊，若此见性必我非余。我与如来观四天王胜藏宝殿，居日月宫。此见周圆彼娑婆^①国。退归精舍，只见伽蓝^②。清心户堂，但瞻檐庑。世尊，此见如是，其体本来周遍一界，今在室中，唯满一室。为复此见缩大为小，为当墙宇夹令断绝。我今不知斯义所在，愿垂弘慈，为我敷演。"

佛告阿难："一切世间大小内外诸所事业，各属前尘，不应说言见有舒缩。譬如方器，中见方空。吾复问汝，此方器中所见方空，为复定方，为不定方？若定方者，别安圆器，空应不圆。若不定者，在方器中，应无方空。汝言不知斯义所在，义性如是，云何为在？阿难，若复欲令入无方圆，但除器方，空体无方，不应说言更除虚空方相所在。

"若如汝问，入室之时，缩见令小。仰观日时，汝岂挽见齐于日面。若筑墙宇，能夹见断，穿为小窦宁无续迹。是义不然。

"一切众生从无始来迷己为物。失于本心，为物所转，故于是中，观大观小。若能转物，则同如来。身心圆明，不动道场③，于一毛端，遍能含受十方国土。"

注释

①**娑婆**：梵文音译曰"堪忍"，又称"忍土"，指释迦牟尼佛所教化的人间世界。

②**伽蓝**：梵语僧伽蓝摩的略称，意译曰众园，佛教寺院的通称。

③**道场**：佛教名词，梵文译音为菩提曼拏罗，指释迦牟尼佛最初成道之处，在中印度摩揭陀国尼连河侧。后来一般把供奉佛的地方称道场。

译文

阿难对佛说："世尊，如果这种遍观一切的见性，一定是我的见性，我和如来观看四天王胜藏宝殿，居住在日月宫中，此见能够遍及四周娑婆国土，但回到精舍就只看到伽蓝；当静居于堂室之中，看见的只是房檐廊庑。世尊，如是之见其见体本来可以周遍娑婆世界，现在在堂室之中，却只能看见室中之物，是不是这一见性因堂室墙宇的阻隔而缩小了。我现在不知道这到底是什么原因，愿佛发大慈悲，为我演说是中道理。"

佛告诉阿难："一切世间不管是大是小、是内是外的各种事物都是见外虚假的尘境，不能因此说见性有舒有缩。比如，一个方形的容器，从中可以看见一个方形的虚空。我再问你，这个方形的器具中所见到的方形的虚空是一个固定的形状？还是一个不固定的形状？如果是一个固定的方形，再另外换一个圆形的器具，则此空间应该不是圆的。如果不是一个固定的形状，在方形的器具中应该没有一个方形的虚空。你说你不知道见性的真义所在，实际上见性就如同虚空，它无处不在，何言所在呢？阿难，如果要想理解见性无方圆，只要把方器取掉，空体是没有方圆的，更不应该再说除去有方圆的虚空。

"如果就像你所问的那样，当回到堂室之时是把见性缩小了，那么，当仰观太阳之时，岂不是还要把见性拉长到太阳的跟前？如果筑一道墙能够隔断见性，那么在墙上穿一小孔，见性本已被断，难道还有在断处续接之见？既然有续接之见，就有续接的痕迹，所以根本没有这样的道理。

"一切众生从无始以来就把自己的见性误认为是物，从而迷失了真性。真性既迷，故心法就随着尘境所转，而产生观大观小。如果能理解尘境万物不过是因缘和合所生的虚妄之相，是真常之心性的变现，这样你就同如来一样了。万物皆在身心之中，身心中包含着万物，是不动的道场，在它的一毛孔中就包容着十方国土。"

原典

阿难白佛言："世尊，若此见精必我妙性。今此妙性现在我前，见必我真，我今身心复是何物？而我身心分别有实，彼见无别分辨我身。若实我心，令我今见。见性实我，而身非我。何殊如来先所难言，物能见我？唯垂大慈，开发未悟。"

佛告阿难："今汝所言，见在汝前，是义非实。若实汝前，汝实见者，则此见精既有方所，非无指示。且今与汝坐祇陀林，遍观林渠及与殿堂，上至日月，前对恒河。汝今于我师子座前，举手指陈是种种相，阴者是林，明者是日，碍者是壁，通者是空，如是乃至草树纤毫，大小虽殊，但可有形，无不指着。若必其见，现在汝前。汝应以手，确实指陈，何者是见？阿难当知，若空是见，既已成见，何者是空？若物是见，既已是见，何者为物？汝可微细披剥万象，析出精明净妙见元，指陈示我。同彼诸物，分明无惑。"

阿难言："我今于此重阁讲堂，远泊恒河，上观日月，举手所指，纵目所观，指皆是物，无是见者。世尊，如佛所说，况我有漏初学声闻，乃至菩萨亦不能于万物像前，剖出精见，离一切物，别有自性。"佛言："如是，如是。"

译文

阿难对佛说："世尊，如果这种精到的见，就是我的真常的见性，现在此妙性就离开我的身心而在我的眼前，并且是真正的我，那么，我现在被大家看到的身心又是何物呢？我现在的身心能实在地分辨事物，而此见性则别无识性分辨我的身心。它若实是我的心，可以令我看看。如果见性确实是我，那么我之身就不是我。这与如来先前所驳斥的物能见我的观点有何区别呢？唯愿如来发大慈悲，启发我尚未觉悟的心。"

佛告诉阿难："你今天说什么见性就在你眼前，这种理解并不符合实际。如果见性实在的在你眼前，你实在的能看到它，那么，这种精见既然已有方位就是具体可以指示的。比如我现在与你坐在祇陀林，遍观林渠，瞩及殿堂，向上看到日月，前面对着恒河。你现在和我在狮子座前，用手指说这种种物相，阴暗的是树林，明亮的是太阳，阻挡视线的是墙壁，畅通无阻的是虚空。像这样的指说下去，草、树及其他细微的东西，大小虽然不同，但只要有形体是没有不能指陈的。如果其见性就在你的眼前，你应该能够确实地用手指出来，哪个是见性？阿难应该知道，如果空是见，既然已经成为见，那什么又是空呢？如果物是见，既然物已成见，那什么又是物呢？你可以细微地剖析一下万事万物，从中分析出哪种是精明妙净的见性，指陈我看，它是不是同彼万物分明而无迷乱。"

阿难说："现在我在这个重阁讲堂之中，远望是恒河，上看是日月，举手所指的，放眼观望的皆是物，没有分辨出哪是见性。世尊，如佛所说，如同我这样的被烦恼所纠缠的初学及小乘学子乃至菩萨亦不能于万物之中分出其见，认识到离一切物而别有见性。"佛说："是的，是的。"

原典

佛复告阿难："如汝所言，无有见精，离一切物别有自性，则汝所指是物之中无是见者。今复告汝，汝与如来坐祇陀林，更观林苑，乃至日月种种象殊，必无见精受汝所指。汝又发明此诸物中，何者非见？"阿难言："我实遍见此祇陀林，不知是中何者非见。何以故？若树非见，云何见树？若树即见，复云何树？如是乃至，若空非见，云何见空？若空即见，复云何空？我又思惟，是万象中微细发明，无非见者。"佛言："如是，如是。"

译文

佛进而告诉阿难说："就如同你所说，没有见能离开一切物而别有见性，那么你所指示的这些物体之中也就没有这种见。我再告诉你，你与如来坐在祇陀林观看林苑乃至日月种种不同的现象，其中必无见这种东西被你所指。你再说说看，这些物体中哪一种是不可见之物？"阿难说："我实实在在地看到了祇陀林中的一切，不知其中何者是不可见之物。为什么呢？如果树不是见树与见不相关，则什么是见树呢？如果树即是见，树又是什么？如是类推，如果空不是见，什么是见空？如果空即是见，空又是什么？因此我又想，世间一切现象中，哪怕是极其细微的东西都是见精。"佛说："是的，是的。"

原典

　　于是，大众非无学者，闻佛此言，茫然不知是义终始。一时惶悚、失其所守。如来知其魂虑变慑，心生怜悯。安慰阿难及诸大众："诸善男子，无上法王是真实语。如所如说，不诳不妄，非末伽黎四种不死矫乱论议①。汝谛思惟，无忝哀慕。"

　　是时，文殊师利法王子，悯诸四众。在大众中，即从座起，顶礼佛足，合掌恭敬而白佛言："世尊，此诸大众，不悟如来发明二种精见色空是非是义。世尊，若此前缘色空等象，若是见者应有所指；若非见者，应无所瞩。而今不知是义所归，故有惊怖，非是畴昔善根轻鲜。唯愿如来大慈发明，此诸物象，与此见精，元是何物，于其中间无是非是？"

　　佛告文殊及诸大众："十方如来及大菩萨，于其自住三摩地中，见与见缘，并所想相，如虚空华，本无所有。此见及缘，元是菩提妙净明体，云何于中有是非是。文殊，吾今问汝。如汝文殊，更有文殊，是文殊者，为无文殊？""如是，世尊，我真文殊，无是文殊。何以故，若有是者，则二文殊。然我今日非无文殊，于中实无是非二相。"

佛言："此见妙明，与诸空尘，亦复如是。本是妙明无上菩提净圆真心，妄为色空及与闻见，如第二月，谁为是月，又谁非月？文殊，但一月真，中间自无是月非月。是以汝今观见与尘，种种发明，名为妄想，不能于中出是非是。由是真精妙觉明性，故能令汝出指非指。"

注释

①**四种不死矫乱论议**：指亦变亦恒，亦生亦灭，亦有亦无，亦增亦减的莫衷一是的议论。

译文

于是大众之中那些小乘学子，在听到佛的这番言论后十分茫然，不理解佛所说的道理，一时间心神恍惚，不知如何是好。如来知道他们这时的思虑处在惶恐之中，心中怜悯，于是安慰阿难及诸大众说："善男子，最高的佛教真理是用最真实的语言表达的，就如同你所说，其中没有欺诳，没有虚伪，不是末伽梨那种模棱两可的四种矫乱议论。你认真地思惟一下，不要增添哀怨和羡慕的情绪。"

这时，文殊师利法王子，怀着对四众弟子的怜悯之心，从大众中的座位上站起来，顶礼佛足，合掌向佛礼拜之后，对佛说："世尊，此诸大众还没有悟知如来所阐发的见色和见空是是还是非是这两种意义。世尊，如果出现在我们眼前的这种种色空现象是见所见者，应该能够一一指出；如果不是见所见者，应该是看不见的。而现在不知道哪种理解是正确的，故产生惊怖，并不是缺少善根之人对佛说的轻慢怀疑。唯愿如来，发大慈悲心，指出此诸种物象与见之体原本是何种东西，为什么在其中间没有是和非是之说？"

佛告诉文殊及诸大众："十方如来及大菩萨，于其常在的三摩地中，见、所见及想象的一切现象世界，都如同虚幻的空花，本来是空无所有的，是本觉的妙净明体，根本谈不上它们之中谁是是，谁是非是。文殊，我现在问你，就以你文殊为例，我在你之外再立一文殊，他是文殊，或不是文殊？"文殊答言："是这样的，世尊，我是真文殊，再没有我这样的文殊，为什么？若再有一个文殊则有两个文殊。然而，我今日并不是无文殊，这里实在是没有是和非是两种情况。"

佛说："此见妙明，而如同空花一样的尘境也是这样。原本是无上本觉真心，因迷妄而成色空之境及听闻见知。比如第二月，谁是月，谁又是非月？文殊，月亮只有一个，其间自然没有是月和非月之说。因此，你现在观察到的见以及尘境的种种现象都叫作妄想，这其中不能再有是和非是的论调了。只要觉知此精真妙觉明性，就能息灭妄想，认识到一切可指的东西都不过是空花而已。"

原典

阿难白佛言："世尊，诚如法王所说觉缘遍十方界，湛然常住，性非生灭，与先梵志①娑毗迦罗②所谈冥谛，及投灰③等诸外道种，说有真我，遍满十方，有何差别？世尊亦曾于楞伽山④，为大慧⑤等敷演斯义：彼外道等常说自然⑥，我说因缘⑦，非彼境界。我今观此觉性自然，非生非灭，远离一切虚妄颠倒，似非因缘，与彼自然。云何开示，不入群邪，获真实心妙觉明性？"

佛告阿难："我今如是开示方便，真实告汝，汝犹未悟，惑为自然。阿难，若必自然，自须甄明有自然体。汝且观此妙明见中，以何为自？此见为复以明为自，以暗为自，以空为自，以塞为自。阿难，若明为自，应不见暗。若复以空为自体者，应不见塞。如是乃至诸暗等相以为自者，则于明时见性断灭，云何见明？"

阿难言："必此妙见性非自然，我今发明是因缘生。心犹未明，咨询如来，是义云何合因缘性？"

佛言："汝言因缘，吾复问汝：汝今因见，见性现前。此见为复因明有见，因暗有见，因空有见，因塞有见？

阿难，若因明有，应不见暗。如因暗有，应不见明。如是乃至因空因塞，同于明暗。

"复次，阿难，此见又复缘明有见，缘空有见，缘塞有见。阿难，若缘空有，应不见塞。若缘塞有，应不见空。如是乃至缘明缘暗，同于空塞。当知如是精觉妙明，非因非缘，亦非自然，非不自然。无非不非，无是非是。离一切相，即一切法。汝今云何于中措心，以诸世间戏论⑧名相⑨而得分别。如以手掌撮摩虚空。只益自劳，虚空云何随汝执捉？"

注释

①**梵志**：指婆罗门。

②**娑毗迦罗**：人名，六家外道中的数论师。

③**投灰**：指古印度的苦行外道。此道裸形披发，腰缠棘刺，用五热烧身，或者涂灰于身。

④**楞伽山**：山名。据说在狮子国境，即今天的斯里兰卡。楞伽，意为难往，又说是一种宝物的名称，即此山因有楞伽宝而得名。

⑤**大慧**：菩萨名。梵文原名为摩诃摩底，为楞伽会上的首座，因为问答抉择没有穷尽，故名大慧。

⑥**自然**：有两种意义：一者离人为造作之法的自性

自然；一者言无因而自然生成之物。后者为外道所说自然，被认为是邪执。

⑦**因缘**：佛教的重要概念。佛教认为世间一切事物都是因缘和合而生。所谓因，指事物产生到坏灭的主导条件，缘则是起间接辅助作用的条件。

⑧**戏论**：佛教称与佛教道理相违背的言论为戏论。分为两种：一叫爱论，即由爱欲之心引起的言论；一叫见论，即由固执的见解引发的言论。

⑨**名相**：名，即想象的概念；相，即相状。名相即事物的名称。佛教认为，名相并不能表达事物的真实性。

译文

阿难对佛说："世尊，就如同您所说，觉性所缘行相周遍十方世界，将永世长存，其性无生无灭。这与古代梵志娑毗迦罗所谈论的冥谛，及投灰等诸外道所主张的有真我遍满十方界有何区别？世尊亦曾在楞伽山为大慧等演说此义：那些外道之人常说自然，而我说因缘，与他们不是同一境界。我今观察此觉性自然，非生非灭，远离一切虚妄颠倒，似乎不是因缘，也不是外道所说的自然。什么是开导我们不入诸邪道而能获得真实心的妙觉明性？"

佛对阿难说："我今天用最方便的真实语言开导于你，你还是没有觉悟，仍然把见性迷作自然。阿难，如果见性定是自然，必然有其自体，须要甄别。你现在观察一下此妙明之见以什么为自体？进一步说，此见是以明为自体，还是以暗为自体；是以空为自体，还是以塞为自体；阿难，如果是以明为自体，应该看不到暗；如果是以空为自体，应该看不到塞。如是类推，把各种黑暗之相以为是见性，则当明时，见性断灭，又什么是见明呢？"

阿难对佛说："由此看来，此妙见之性并非自然。既然不是自然，我认为是因缘所生。但心中对此尚不明白，请教于如来，为什么符合因缘之性？"

佛说："你说因缘，我再问你：你现在因为有见，此见性方才显示出来。此见性是因为有明才有见，还是因为有暗才有见？是因为有空才有见，还是因为有塞才有见？阿难，如果有明才有见，应该看不见暗；如果有暗才有见，应该看不见明。如此类推，因空因塞同于因明因暗。

"其次，阿难，此见性是以明为条件产生见，还是以暗为条件产生见；是以空为条件产生见，还是以塞为条件产生见？阿难，如果以空为条件产生见，应看不见塞；如果以塞为条件而产生见，应看不见空。如此类推，以明、以暗为条件同于以空、以塞为条件。由此知道如是精觉妙明之见并不是因缘所生，也不是自然所生。它既不是自然；也不是非自然；它不存在非和不非的界限，也没有是和不是的区别。总之，离开一切物相，即是圆成妙觉明性。你今日为什么在这妙觉明性中，对诸世间的那些戏论名相去费心分别呢？就好像以手去抓摸虚空，这只能是徒劳而无益之举，虚空怎么能任人随意执捉呢？"

原典

阿难白佛言："世尊，必妙觉性非因、非缘。世尊，云何常与比丘宣说见性具四种缘。所谓因空、因明、因心、因眼，是义云何？"佛言："阿难，我说世间诸因缘相，非第一义①。阿难，吾复问汝：诸世间人，说我能见。云何名见，云何不见？"阿难言："世人因于日月灯光，见种种相，名之为见。若复无此三种光明，则不能见。"

"阿难，若无明时名不见者，应不见暗。若必见暗，此但无明，云何无见？阿难，若在暗时，不见明故，名为不见；今在明时，不见暗相，还名不见。如是二相，俱名不见。若复二相自相陵夺，非汝见性于中暂无。如是则知二俱名见，云何不见？

"是故阿难，汝今当知，见明之时，见非是明。见暗之时，见非是暗。见空之时，见非是空。见塞之时，见非是塞。四义成就。汝复应知，见见之时，见非是见。见犹离见，见不能及，云何复说因缘、自然，及和合相。汝等声闻，狭劣无识，不能通达清净实相②。吾今诲汝，当善思惟，无得疲怠妙菩提路③。"

阿难白佛言："世尊，如佛世尊为我等辈宣说因缘及与自然，诸和合相与不和合，心犹未开。而今更闻见见非见，重增迷闷。伏愿弘慈，施大慧目④，开示我等觉心明净。"作是语已，悲泪顶礼，承受圣旨。

注释

①**第一义**：佛教把最重要、最关键、最深奥的道理称为第一义，所谓"理极莫过，名为第一；深有所以，目此为义"。

②**清净实相**：离一切恶行烦恼名为清净。清净实相，是说诸法的本体是远离污染的清净明觉之体。

③**妙菩提路**：即觉行圆满不可思议的通往菩提的妙觉之路。

④**慧目**：智慧的眼目。

译文

阿难对佛说："世尊，妙觉之性必定是非因缘所生，但世尊为什么常与比丘宣说见性所必须具备的四种条件，即所谓因空、因明、因心、因眼，其意义在哪里？"佛说："阿难，我过去所说的是世间因缘所生的诸种事相，并不是现在所说的第一究竟了义。阿难，我再问你：世间之人所说我能见，什么是见，什么是不见？"阿难说："世人借着日光、月光、灯光看见各种各样现象，这就叫作见。如果没有了这三种光明就什么也看不见。"

"阿难，如果把没有光明时叫作不见，应是不见暗。如果暗一定是可见的，但又没有明亮，那么什么又是不见呢？阿难，如果在黑暗的时候，看不见光明，名为不见。现在在明亮之时，看不见黑暗也叫作不见。这两种情况都叫作不见。如果明暗两种现象交互出现，并不是你的见性在此时暂时消失。由此知道见明见暗都名为见，为什么说不见？

"阿难，由此你应该知道：见明的时候，见并不是明；见暗的时候，见并不是暗；见空的时候，见并不是空；见塞的时候，见并不是塞。总之，此四境并不是见所成就。你还应该知道，见性在见之时，所见者并不是见。既然见尚且脱离见体，不能见及自身，还说什么属于因缘、自然及为和合相。你们这些人只有声闻觉性，认识狭隘而不能通达清净实相。我现在开导你们，要善于思考，一定不能在通往妙菩提这个最高觉性的道路上松懈怠慢。"

阿难对佛说："世尊，如同佛世尊为我们宣说的，见不是因缘，也非自然。但心中尚疑此见为和合相和不和合相，不能悟解。而今又听你说所见也并非见，就更加增添了我的迷惑。深愿你发大慈悲，给我们以洞彻一切的智慧，使我们的觉心明净。"说完这些话后，阿难悲痛地流下了眼泪，并顶礼佛陀，等待着接受佛的旨意。

原典

尔时，世尊怜悯阿难及诸大众，将欲敷演大陀罗尼①诸三摩提妙修行路。告阿难言："汝虽强记，但益多闻，于奢摩他微密观照②，心犹未了。汝今谛听，吾当为汝分别开示，亦令将来诸有漏者获菩提果。

"阿难，一切众生轮回世间，由二颠倒分别见妄，当处发生，当业轮转。云何二见？一者众生别业③妄见，二者众生同分④妄见。

"云何名为别业妄见？阿难，如世间人目有赤眚，夜见灯光别有圆影，五色重叠。于意云何？此夜灯明所现圆光，为是灯色，为当见色。阿难，此若灯色，则非眚⑤人，何不同见？而此圆影惟眚之观。若是见色，见已成色，则彼眚人见圆影者，名为何等？

"复次阿难，若此圆影，离灯别有，则合傍观屏帐几筵有圆影出。离见别有，应非眼瞩。云何眚人目见圆影？是故当知，色实在灯，见病为影。影见俱眚，见眚非病。终不应言是灯是见，于是中有非灯非见。如第二月，非体非影。何以故？第二之观捏所成故。诸有智者，不应说言此捏根元是形非形，离见非见。此亦如是。目眚所成，今欲名谁是灯是见。何况分别非灯非见？

"云何名为同分妄见？阿难，此阎浮提除大海水，中间平陆有三千洲。正中大洲，东西括量，大国凡有二千三百，其余小洲在诸海中，其间或有三两百国，或一或二，至于三十、四十、五十。阿难，若复此中有一小洲，只有两国。惟一国人同感恶缘⑥，则彼小洲当土众生，睹诸一切不祥境界，或见二日，或见两月，其中乃至晕⑦蚀珮玦，慧⑧孛飞流，负耳虹蜺，种种恶相。但此国见彼国众生本所不见，亦复不闻。

注释

①**陀罗尼**：梵文音译，意译曰总持、能持、能遮等。

佛教的一种修行方法，通过这种修行可使所闻之法不会忘记。有四种陀罗尼，法陀罗尼（闻法不忘）、义陀罗尼（于诸法之义总持不忘）、咒陀罗尼（于咒总持而不失）、忍陀罗尼（安住持忍）。

②**观照**：用智慧观察事理，如镜中照物清清楚楚。

③**别业**：对于众生说，其个别的行业称别业。

④**同分**：对于众生说，其共同的行业称同分。

⑤**眚**：音省，眼睛长白翳。

⑥**恶缘**：能使人产生恶行的外界事物。

⑦**晕**：环绕日月的光环。

⑧**慧**：彗星。

译文

此时，世尊怜悯阿难及诸大众，决定为他们阐述大陀罗尼和各种三摩提等无上绝妙的修行之路。他告诉阿难说："你虽然有很强的记忆力，但因为只重于听闻，而在静心入定进行微密观察方面还没有明了透彻。现在你认真地听着，我更为你——解说，同时让那些有着烦恼之苦的人们在未来获得菩提道果。

"阿难，一切众生在人世间生死轮回，都是由于众生的两种颠倒的虚妄之见。这两种颠倒之见对处在人世间的众生一定会产生的。这种妄见产生的业果必然招致轮回。什么是两种妄见呢？一者是众生的别业妄见，一是众生的同分妄见。

"什么是别业妄见？阿难，就如同世间之人眼睛里生了赤眚，在夜间看灯光时别有一圆影，五色重叠。这是什么意思呢？此夜间灯光所现出来的圆影，它是灯光所现，还是眚人所见？阿难，它如果是灯光所现，那么不是生眚病的人应同样看到，然而，此圆影唯独生眚病之人才能看到。它如果是生眚病的人所见，此所见之影又是何物？

"其次，如果此眚眼所见圆影是离开灯光而独立存在的，这就如同在一旁观看屏帐宴席也有圆影现出一样。离开见物而另有的东西应该不是眼睛所见，怎么能说生眚病的人，其眼见到了圆影。由此可以知道，灯光是由灯所发，圆影是眼生眚病形成的，圆影和见圆影之见俱是眚病所致。没有生眚病的人只能看见灯光，没有圆影出现，最终就无从谈起谁是灯谁是见，其中又谁不是灯，谁不是见。就如同第二月，既不是月之体，也不是月之影。为什么？能够看见第二月，是观月之时用手按捏眼睛造成的。一切有智力之人都不应该说此因捏眼所形成的二月是月又不是月，是见又不是见。有眚病的人看灯有圆影也是这样，它是眚病所致，你现在说谁是灯是见，更不必去区分谁不是灯不是见。

"什么是同分妄见？阿难，此阎浮提除大海之水外，中间平坦的陆地有三千洲。中央的大洲，从东到西有大国凡二千三百，其余的小洲在各各海中，其中或有三百、二百个国家的，或有一个、二个以至三十、四十、五十个国家的。阿难，假若其中有一小洲，只有两个国家，仅有一国之人共同感受到了恶劣的环境。在这个小洲中住着的众生们，目睹了所有一切不祥的情景，或者看见两个太阳，或者看见两个月亮，其中乃至日食月食，如佩玦一样的日月光环，飞逝的彗星，像耳环一样的虹霓等。此种种恶相只在此国可见，另外一个国家的众生既没看见，也没有听说。

原典

"阿难，吾今为汝以此二事进退合明。阿难，如彼众生别业妄见。瞩灯光中所现圆影，虽现似境，终彼见者目眚所成。眚即见劳，非色所造。然见眚者，终无见咎。例汝今日以目观见山河国土及诸众生，皆是无始见病所成。见与见缘，似现前境，元我觉明见所缘眚，觉见即眚。本觉明心，觉缘非眚。觉所觉眚，觉非眚中，此实见见。云何复名觉闻知见？是故汝今见我及汝，并诸世

间十类众生，皆即见眚，非见眚者。彼见真精、性非眚
者，故不名见。

"阿难，如彼众生同分妄见，例彼妄见别业一人，一
病目人，同彼一国。彼见圆影，眚妄所生。此众同分所
见不祥，同见业中瘴恶所起，俱是无始见妄所生。例阎
浮提三千洲中，兼四大海，娑婆世界并洎十方诸有漏国，
及诸众生，同是觉明无漏妙心，见闻觉知虚妄病缘，和
合妄生，和合妄死。若能远离诸和合缘，及不和合，则
复灭除诸生死因。圆满菩提不生灭性，清净本心，本觉
常住。

译文

"阿难，我现在就以这两件事为例，为你从前到后地
进行分析。阿难，就如同众生的别业妄见，当看到灯光
中所现出的圆影，虽然看来其影像似乎与真的无异，但
终究是所见之人的眚病所成。眚目所见是虚幻的假相，
不是物相所产生。然而，如果认识到眚目所见的影不是
真见，其见终究是没有错误的。同样，你现在用眼看到
的山河国土及诸众生，都是众生的根本妄见所成。见和
所见的尘境似乎显现于眼前，实际上本无所有，原是妙
净明体。如果见实有所见之境，并能见到他们，这就如

同得了眚病。真觉妙明遍十方界，湛然常住故不是眚。如果觉见和觉见之境俱是眚病，而真觉则不在眚病之中。真觉即是见性，它无知无觉，为何又名觉闻知见？因此，你如今看见我和你自己以及诸世间的十类众生，都是妄见，即如见了眚病。如果不是妄见，即非眚病者，则这种见就是真见。此真见性离虚妄，无境可见，故不能叫作见。

　　"阿难，假若以某些众生的同分妄见类比别业妄见的一个人，就如同一个眼睛有病的人所见，同一国之人所见是相同的一样。某人见圆影是眚病所致，而此众人共同所见的不祥灾异，则是众生观察行为中同样的恶障所造成的。它们都产生于众生的无知妄见。比如阎浮提三千洲及四大海中的娑婆世界以及一切十方有烦恼存在的各个国家及其众生，它们本来是本净无染的妙心，但起见闻觉知这种虚妄病因，把因缘和合的假相妄见为生，把因缘离散妄见为死。如果能远离这种种因缘和合和不和合的诸种假相，那么就灭除了妄见生死的成因，生死之因既灭，菩提本觉的不生灭性就得以圆满，就能得见清净本心而成就菩提觉性。

原典

　　"阿难，汝虽先悟本觉妙明，性非因缘，非自然性，而犹未明如是觉元，非和合生及不和合。阿难，吾今复以前尘问汝：汝今犹以一切世间妄想和合诸因缘性，而自疑惑，证菩提心和合起者。则汝今者妙净见精，为与明合，为与暗合，为与通合，为与塞合？若明合者，且汝观明，当明现前，何处杂见。见相可辨，杂何形像。若非见者，云何见明。若即见者，云何见见。必见圆满，何处合明。若明圆满，不合见合。见必异明，杂则失彼性明名字。杂失明性，和明非义。彼暗与通，及诸群塞，亦复如是。

"复次阿难，又汝今者妙净见精，为与明合，为与暗合，为与通合，为与塞合？若明合者，至于暗时，明相已灭，此见即不与诸暗合，云何见暗。若见暗时，不与暗合，与明合者，应非见明。既不见明，云何名合，了明非暗。彼暗与通，及诸群塞，亦复如是。"

译文

"阿难，你虽然先已悟知本觉妙明之性，不是因缘所生，也不是自然所生。然而还不明白如此觉性原来并不是和合所生，也不是不和合相。阿难，我现在再以眼前的境物问你：你现在依然以世间的妄想，即因缘和合之性，而自生疑惑，认为证得菩提觉心是从和合而有，那么你现在的妙净精见之体是与明合，是与暗合，是与通合，是与塞合？如果是与明合者，当你在观看明之时，明应当现在眼前，为什么看到的是各种交杂的现象？见和所见的东西应是分明可辨，此交杂的现象是何形象？如果这交杂的现象并不是所见，那什么是见明呢？如果这种交杂的现象就是所见，那么什么是见明之见？如果此见遍满一切处，那么见就没有地方和明相合；如果使明相遍满一切处，明就没有地方与见相合。见必定不同于明，见明之见如果是见杂相，明就不是明了。明性既失，再说见与明合就失去其意义了。见与暗合，见与通合，见与塞合也是这样。

"其次，阿难，你现在的妙静见体是与明合，是与暗合，是与通合，是与塞合？如果是与明相合者，当至于暗时，明相已经消失，此见既然不是与诸种暗相相合，凭什么见暗呢？如果见暗之时，见不是与暗相合，而是与明相合而又见不到明，既然见不到明，又如何说与明相？因为明不是暗，此见与暗合，与通合及与诸塞合者也是这样。"

原典

阿难白佛言："世尊，如我思惟，此妙觉元，与诸缘尘，及心念虑，非和合耶。"

佛言："汝今又言觉非和合。吾复问汝：此妙见精非和合者，为非明合，为非暗合，为非通合，为非塞合？若非明合，则见与明，必有边畔。汝且谛观，何处是明，何处是见？在见在明，自何为畔？阿难，若明际中必无见者，则不相及，自不知其明相所在，畔云何成？彼暗与通，及诸群塞，亦复如是。

"又妙见精非和合者，为非明合，为非暗合，为非通合，为非塞合？若非明合，则见与明，性相乖角，如耳与明，了不相触。见且不知明相所在，云何甄明合非合理。彼暗与通，及诸群塞，亦复如是。

译文

阿难对佛说："世尊，我是这样想的，此妙觉之性与诸尘境及心之思虑不相和合。"

佛说："你现在又说，此觉之性非和合相。我再问你：此妙见之体不是和合者，是与明不相和合，是与暗不相和合，是与通不相和合，还是与塞不相和合？如果是与明不相和合，则见与明之间必有分界的地方。你仔细地审视一下，什么地方是明，什么地方是见？对于见和明来说，它们各自以什么为边界？阿难，如果在明的范围内一定没有见，则见就看不到明，那么明与见就不相干，自然就不知道明相处在何方，又在什么地方去寻找它们的分界呢！此见体与暗、与通及与诸塞不相和合者也是这样。

"再说，妙见之体不是和合相者，是与明不相合，是与暗不相合，是与通不相合，是与塞不相合？如果是与明不相合，则见和明就是两种没有关系的东西，就如同耳朵与明不相接触一样。它们之间既然没有关系，见也就不知道明相的所在，所谓见与明合或不与明合之理也就无从谈起。不与暗、不与通及不与诸塞相合也是这样。

原典

"阿难，汝犹未明一切浮尘诸幻化相[①]，当处出生，随处灭尽。幻妄真相，其性真为妙觉明体，如是乃至五阴[②]六入[③]，从十二处[④]至十八界。因缘和合，虚妄有生；因缘别离，虚妄名灭。殊不能知生灭去来，本如来藏[⑤]，常住妙明，不动周圆，妙真如性。性真常中，求于去来迷悟生死，了无所得。

"阿难，云何五阴本如来藏妙真如[⑥]性。阿难，譬如有人以清净目观晴明空，惟一晴虚，迥无所有。其人无故不动目睛，瞪以发劳，则于虚空别见狂华，复有一切狂乱非相。色阴当知亦复如是。阿难，是诸狂华，非从空来，非从目出。如是阿难，若空来者，既从空来，还从空入。若有出入，即非虚空。空若非空，自不容其华相起灭。如阿难体，不容阿难。若目出者，既从目出，还从目入。即此华性从目出故，当合有见。若有见者，去既华空，旋合见眼。若无见者，出既翳空，旋当翳眼。又见华时，目应无翳，云何晴空号清明眼？是故当知色阴虚妄，本非因缘，非自然性。

注释

①**幻化相**：即虚妄之相，有而忽无，无而忽有，并不是实有。

②**五阴**：阴，梵文音译曰塞犍陀，意译曰蕴，阴覆、积聚等。五阴即色、受、想、行、识，是佛教对人和人的意识活动的概括，从广义说也指物质世界和精神世界的总和。色阴，相当于一切物质现象；受阴，相当于感受、感觉；想阴，相当于知觉；行阴，相当于思维活动；识阴，指意识活动的主体。佛教认为五阴和合而成的人的身心是暂时的不实在的。大乘佛教则认为五阴皆是虚幻不实的，所谓"五蕴皆空"。

③**六入**：一般指眼、耳、鼻、舌、身、意六根为内

六入；色、声、香、味、触、法六尘为外六入，它们互相涉入产生六识。

④**十二处**：又称十二入，即六根和六尘的总和。

⑤**如来藏**：一切众生都藏有本来清净的如来法身，即成佛的自性，因被烦恼隐覆不显，故名如来藏。

⑥**真如**：梵文的意译，又译曰如如。真者真实，如者如常，即不变易的真常之性，称真如。佛教把宇宙万物的本性称真如。

译文

"阿难，你还是没有明了一切尘世中虚假的幻化之相，是无所出生，无所依止，本自寂灭而徒有其名的假相，其真性原是菩提妙觉明体。这样的幻化之相乃至包括五阴（色、受、想、行、识五蕴）六入（眼、耳、鼻、舌、身、意六根），及从十二处（六根和六境的总和，六境即色、声、香、味、触、法）到十八界（六根、六境加六识，六识指眼识、耳识、鼻识、舌识、身识、意识）都是因缘和合而有生，又随着因缘离散而寂灭。这些幻化之相的生灭去来本是如来藏性无生无灭，无去无来，常住不动，周遍寂静。而诸众生尚不觉知，却在此真常性中去求索去来，而迷悟生死，最终是一无所得。

"阿难，为什么说五阴本是如来藏妙觉真性？阿难，譬如有人以清澈的眼睛看明朗的晴空，看到的是一个唯一的一无所有的晴朗的虚空。然而，这个人忽起妄念，在没有什么原因的情况下，睁大眼睛一动不动地直瞪着天空。当眼睛疲劳的时候，则看到五颜六色闪动的物体，或看到一切都是在乱动的不成形状的虚影。应当知道色阴就是这样产生的。阿难，虚空之中五颜六色闪动的物体，不是从空中来，也不是从眼睛中生出。阿难，如果是从空中来的，既然从空中来，还应该从空中回去。空无内外，如果有出有入，虚空就不是虚空了。空如果不是空，自然无法容纳这五彩六色的东西，使其有生有灭。就如同阿难就是阿难，岂能再容一个阿难出入？如果是从眼睛中生出，既然是从眼睛中生出，还应回到眼睛之中，即此五颜六色的物体是完全出自眼睛之中，这正合有见。如果真是眼睛所见，那么离开眼睛，这种种五颜六色之相就变成空无所有。如果回到眼睛之中就没有眼见，那么它们就是眼睛中的翳障。这些翳障从眼睛中出去则遮障虚空，而回归眼睛则遮障眼见。如果这五颜六色之相从眼睛中出而被眼睛看见，眼睛应该没有了翳障，称清明眼，但为什么只有看晴空的眼睛才称清明眼呢？因此应该知道，色阴是虚幻之相，无生无灭，本不是因缘所生，也没有自然之性。

原典

"阿难，譬如有人，手足宴安，百骸调适，忽如忘生，性无违顺。其人无故以二手掌于空相摩，于二手中妄生涩滑冷热诸相。受阴当知亦复如是。阿难，是诸幻触，不从空来，不从掌出。如是阿难，若空来者，既能触掌，何不触身？不应虚空选择来触。若从掌出，应非待合。又掌出故，合则掌知，离则触入，臂腕、骨髓，应亦觉知入时踪迹，必有觉心知出知入，自有一物身中往来。何待合知，要名为触。是故当知，受阴虚妄，本非因缘，非自然性。

"阿难，譬如有人，谈说酢梅，口中水出，思踏悬崖，足心酸涩。想阴当知亦复如是。阿难，如是酢说，不从梅生，非从口入。如是阿难，若梅生者，梅合自谈，何待人说。若从口入，自合口闻，何须待耳。若独耳闻，此水何不耳中而出。想踏悬崖，与说相类。是故当知想阴虚妄，本非因缘，非自然性。

译文

"阿难，譬如有这样一个人，他的身体及肢体的各个部位都很安静，也很调顺，忽然之间好像忘记了自己形体的存在，没有任何诸如苦和乐那样的感觉。然而，这个人却无缘无故地以两个手掌在虚空中搓摩，于是在两手之间产生滑涩、冷热等各种感受。你们应当知道，受阴就是这种情况。阿难，这种本来不存在而因两手相合才产生的幻触，不是从虚空中来，也不是从手掌中生出。阿难，其中的道理是这样的，如果是从虚空中来，它既然可以触及手掌，为何不能触及身体呢？它不应该在虚空中有选择地触动；如果是从手掌中出，就不应该在两手掌相合时才产生，而应该在孤掌的情况下就应有感觉。再说，如果是从手掌中生出，当两手掌相合时有触觉，如果两手相离，则触觉就应回入掌中，臂腕骨髓都应该感觉到回入时的走向踪迹，也必定有觉知之心知其出入。自身中有一物在身体中往来出入，何以等到手掌相合之时才称它为触呢？因此知道受阴虚妄，本不存在，故不是因缘所生，也没有自然之性。

"阿难，譬如有人谈说酸梅就有口水流出，想到要攀登悬崖，心中就产生酸涩的感觉。应当知道，想阴也是这样产生的。阿难，这种因谈梅而产生的酸水是说出来的，不是从梅中生出，也不是从口进入的。阿难，如果酸水是从梅中所生，梅应自己说出，何须等待别人说出？如果是从口入，自应由口来尝其味，何须等待用耳来听？如果唯有耳朵才能闻到，那么酸水为什么不从耳中流出呢？想攀登悬崖，其中的道理与此类同。由此知道，想阴亦为虚妄，本无生无灭，故非因缘所生，也没有自然之性。

原典

　　"阿难，譬如瀑流，波浪相续，前际后际，不相逾越。行阴当知亦复如是。阿难，如是流性，不因空生，不因水有，亦非水性，非离空水。如是阿难，若因空生，则诸十方无尽虚空，成无尽流，世界自然俱受沦溺。若因水有，则此瀑流性应非水，有所有相今应现在。若即水性，则澄清时，应非水体。若离空水，空非有外，水外无流。是故当知行阴虚妄，本非因缘，非自然性。

译文

　　"阿难，譬如瀑布，其波浪一个跟着一个，前面的和后面的绝不会相互超越。行阴应该说也是这样的。阿难，瀑布的这种流性不是从空中生，也不是因水而有，更不是水所必具的性质，但又不能离开虚空，也不能离开水。是这样的，阿难，如果是因空而生，那么十方无穷无尽的虚空就皆为无穷无尽的水流，世界就将被水流淹没。如果是因水而有，那么此瀑布的流性应不是水，因为水和瀑布各有自己的相体，应同时表现出来，实际情况并不是这样。如果此瀑布的流性即是水性，则瀑布的浑浊性，当浪花澄清之时，则因浑浊性消失，故应不是水。如果此瀑布能离开空和水，空外无物，而水外无瀑布。由此应该知道，行阴虚妄，无处出生，本不是因缘所生，也没有自然之性。

原典

"阿难，譬如有人，取频伽瓶①，塞其两孔，满中擎空，千里远行，用饷他国。识阴当知亦复如是。阿难，如是虚空，非彼方来，非此方入。如是阿难，若彼方来，则本瓶中既贮空去，于本瓶地应少虚空。若此方入，开孔倒瓶，应见空出。是故当知识阴虚妄，本非因缘，非自然性。"

注释

①**频伽瓶**：频伽，一种鸟的名称，此鸟一身双头，这里指形状似频伽鸟的瓶子。

译文

"阿难，譬如有人取频伽瓶，塞住两个瓶口，瓶中盛的是虚空。他远行千里，带着这个空瓶子送给另一个国家。应该说，识阴也是这样的。阿难，此瓶中所盛之空，它既不是从彼方带来，也不是在此方盛入。是这样的，阿难，如果是从彼方带来，那么，因此瓶中从彼方带来了虚空，而彼方之地就应少了如瓶中所储那样一块虚空；如果是在此方盛入，打开瓶口倒瓶，瓶中应有空出。因此应该知道，识阴虚妄，并非实有，本不是因缘所生，也没有自然之性。"

3 卷三（节选）

"阿难，如汝所言，四大和合，发明世间种种变化。阿难，若彼大^①性，体非和合，则不能与诸大杂合。犹如虚空，不和诸色。若和合者，同于变化，始终相成，生灭相续，生死死生，生生死死，如旋火轮，未有休息。阿难，如水成冰，冰还成水。

"汝观地性，粗为大地，细为微尘。至邻虚尘^②，析彼极微，色边际相。七分所成^③，更析邻虚，即实空性。

"阿难，若此邻虚，析成虚空，当知虚空，出生色相。汝今问言：由和合故，出生世间诸变化相。汝且观此一邻虚尘，用几虚空，和合而有。不应邻虚，合成邻虚。又邻虚尘，析入空者，用几色相，合成虚空。若色合时，合色非空；若空合时，合空非色。色犹可析，空云何合？汝元不知，如来藏中，性色真空，性空真色。清净本然，周遍法界④。随众生心，应所知量，循业发现。世间无知，惑为因缘，及自然性，皆是识心，分别计度⑤，但有言说，都无实义。

注释

①**彼大**：大即四大，指地、水、火、风。此经还有七大说，即地、水、火、风、空、见、识。

②**邻虚尘**：已接近虚空的微尘。

③**七分所成**：古代印度有用七细分事物以至极微的习惯。

④**法界**：有两种意义。一与法性、真如等大乘佛教的最高真理相类；一指一切法，即所有的事物。此处指后者。

⑤**分别计度**：分别者，辨析事物不相混同；计度者，详细较量计真。

译文

"阿难，就如同你所说的：四大和合产生了世间的种种变化。阿难，如果四大中的一种，其体之性并非和合而成，那么它就不能与四大中的其他几种相杂合。这就如同虚空不能与诸色和合一样。如果是和合而成者，就与世间的种种变化一样，始终是在和合中成就，生灭相续，从生到死，从死到生，生生死死，如同旋转的火轮，没有止息。阿难，这就像水结成冰，冰再化成水一样。

"你看地之性，粗的是大地，细的是微尘。当微尘接近虚无的时候，再进一步剖其为极微，则就达到了色尘的边际。如果将此极微再分成七份，就更加接近虚无了。如此细分下去，就成为真实的空性。

"阿难，如果细分接近虚空的微尘，最后能成就虚空，由此则应当知道虚空是生于色相。你今天所问的问题是：是不是由于和合的缘故，才产生了世间的种种变化之相。那么，你观察一下，每一个接近虚空的微尘，是用了多少虚空和合而成？不应该说，接近虚空的微尘再和合而成接近虚空的微尘。再说，接近虚空的微尘不断细析而入虚空，那么，用多少微尘色相能合成虚空？如果是色相合，色与色合并不是空；如果是空相合，空与空合并不是色。色还可以细析，空怎么能说有合呢？这都是你原本就不知道，在如来藏中，色的本性是空之真体；空的本性是色之真体。它们本来清净，充满整个法界，是随着众生之心，适应众生所能知道的量的限度，根据众生的行业而显现的。世间之人无知，迷惑其为因缘和合所生，或自然之性。这皆是识心的分别计度，徒有言说，实际上没有真实的意义。

原典

"阿难，火性无我，寄于诸缘。汝观城中未食之家，欲炊爨时，手执阳燧①，日前求火。阿难，名和合者，如我与汝一千二百五十比丘，今为一众。众虽为一，诘其根本，各各有身，皆有所生氏族名字，如舍利弗婆罗门种②、优楼频螺③迦业波④种，乃至阿难瞿昙⑤种姓。

"阿难，若此火性，因和合有，彼手执镜于日求火，此火为从镜中而出，为从艾出，为从日来？阿难，若日来者，自能烧汝手中之艾，来处林木，皆应受焚。若镜中出，自能于镜出燃于艾，镜何不熔？纡⑥汝手执，尚无热相，云何融泮⑦？若生于艾，何借日镜光明相接，然后火生？

"汝又谛观，镜因手执，日从天来，艾本地生，火从何方游历于此？日镜相远，非和非合，不应火光，无从自有。汝犹不知，如来藏中，性火真空，性空真火，清净本然，周遍法界，随众生心，应所知量。

"阿难，当知世人一处执镜，一处火生；遍法界执，满世间起。起遍世间，宁有方所？循业发现，世间无知，惑为因缘及自然性，皆是识心，分别计度，但有言说，都无实义。

注释

①阳燧：古代取火的工具。

②婆罗门种：婆罗门是梵文音译，是古代印度四种姓的第一种姓，是主祭祀的阶层，知识的垄断者。

③优楼频螺：梵文音译，意译木瓜，人名。兄弟三人，其为长。初为外道论师，后与两个弟弟及五百弟子共同归佛出家。

④迦业波：梵文音译，意译曰饮光。相传古有仙人，身有光，饮蔽日月，称饮光，其后人即为饮光种姓。

⑤瞿昙：梵文音译，又译曰乔达摩，古代印度的一个姓，释迦牟尼就姓瞿昙。

⑥纡：弯曲、曲折意。

⑦泮：音半，融解意。

译文

"阿难，火之性没有自体，是寄托在诸所攀缘的物体之中而成形。你观察一下城中还没有进食的人家，在他们将要做饭之时，手中拿着阳燧，在太阳前求火。阿难，什么叫作和合，就如同我和你们一千二百五十位比丘，今天合为一众。此大众虽聚为一，但究其根本，各各都有自己的身体，大家都有出生自己的族氏和姓名，如舍利弗是婆罗门种，优楼频螺是迦叶波种，乃至阿难是瞿昙种姓。

"阿难，如果此火之性，因和合而有，那么，手中执镜在太阳下求火，此火是从镜中生出，是从艾草中生出，还是从太阳中来？阿难，如果是从太阳中来，自然能燃烧你手中的艾草，而所来经过之处的林木都应当遭到焚烧。如果是从镜中生出，自然能从镜中出来点燃艾草，但为何镜子不被熔化？你弯曲手掌握镜，手掌尚且没有热的感觉，又怎么能融化镜子呢？如果火是从艾草中生出，为何还要借太阳的光和太阳的明性相接触而后火生呢？

"你再仔细地观察一下，镜子是用手拿着，太阳的光是从天上而来，而艾草则本为地上所生，那么，火是从何方游历到这里来的呢？太阳和镜子相去很远，不能和，也不可能合，总不应该说，火是没有来处而自有吧！这是因为你还是不知道，在如来藏中，火的本性是空之真体，空的本性是火之真体。此体本来清净，充满整个法界，是随着众生之心，适应众生所能知道的量的限度。

"阿难，你应当知道，世间之人在一个地方拿着镜子，就能在一处生出火来，如果遍满整个法界的人都拿着镜子，那么，满世间都将起火，当火燃遍整个世间，世间还能有安宁的地方吗？只能随众生的行业而显现，世间之人无知，迷惑其为因缘和合所生，或自然之性，这都是识心的分别计度，徒有言说，实际上没有真实的意义。

原典

"阿难，水性不定，流息无恒，如室罗城迦毗罗仙[①]，斫迦罗仙及钵头摩、诃萨多[②]等，诸大幻师，求太阴精[③]，用和幻药。是诸师等，于白月昼，手执方诸[④]，承月中水。此水为复从珠中出，空中自有，为从月来？阿难，若从月来，尚能远方令珠出水，所经林木，皆应吐流，流则何待方诸所出？不流明水，非从月降。若从珠出，则此珠中常应流水，何待中宵承白月昼？若从空生，空性无边，水当无际，从人洎天，皆同滔溺，云何复有水陆空行？

"汝更谛观，月从天陟[⑤]，珠因手持，承珠水盘，本人敷设，水从何方流注于此？月珠相远，非和非合，不应水精，无从自有。汝尚不知，如来藏中，性水真空，性空真水。清净本然，周遍法界，应众生心，应所知量。

一处执珠，一处水出；遍法界执，满法界生。生满世间，宁有方所。循业发现，世间无知，惑为因缘，及自然性。皆是识心，分别计度。但有言说，都无实义。

注释

①**迦毗罗仙**：古印度外道师名，数论派之祖。迦毗罗，意译曰黄色，所以又称"黄头仙人"。

②**斫迦罗仙及钵头摩、诃萨多**：皆为古代印度的外道师名，均善幻术。

③**太阴精**：太阴即月亮，太阴精指月亮上的水。

④**方诸**：古代一种专门在月下求取露水的器具。据说其形若珠，从蛤中出。

⑤**陟**：音质，登高意。

译文

"阿难，水性是不固定的，流动和停息都没有恒一的状态。如室罗城的迦毗罗仙、斫迦罗仙以及钵头摩、诃萨多等，这些大幻师们，他们求太阴之精水来和幻药。每当午夜子时，白月如昼，他们手执方诸，求取月中之水。那么，此求来的水是从形同珠子的方诸中生出，是空中自有，还是从月中而来？阿难，如果是从月亮中来，

《中国佛学经典宝藏》

华人佛学界顶级专家团队编撰。大陆首次引进简体中文版。
读得懂，买得起，藏得下的"白话精华大藏经"。

星云大师总监修

"人间佛教"的践行本

专家推荐

星云大师常常说，佛学不是少数人的专利，它应该是每一个人都能够接触的。这套书推动了白话佛学经典的完成。

——依空法师

佛光山长老，文学博士，印度哲学博士

星云大师对编修《中国佛学经典宝藏》非常重视，对经典进行注、译，包括版本源流梳理，这对一般人去看经典、理解经典的思想，是有帮助的。

——赖永海

南京大学教授，旭日佛学研究中心主任

《中国佛学经典宝藏》精选了很多篇目，是能够把佛法的精要，比较全面地给予介绍。

——王志远

中国社会科学院研究生院导师，中国宗教协会副会长

《中国佛学经典宝藏》白话版系列丛书，共计132册，由星云大师总监修，大陆、台湾百余专家学者通力编撰而成。

丛书依大乘、小乘、禅、净、密等性质编号排序，将古来经律论中之经典著作，依据思想性、启发性、教育性、人间性的原则，做了取其精华、舍其艰涩的系统整理。每种经典都按原文、注释、译文等体例编排，语言力求通俗易懂、言简意赅，让佛学名著真正做到雅俗共赏；还以题解、源流、解说等章节，阐述经文的时代背景、影响价值及在佛教历史和思想演变上的地位角色。丛书还开创性地收录了一些有代表性的现代读本。

传统大藏经 VS 中国佛学经典宝藏

	传统大藏经	VS	中国佛学经典宝藏
第一回合	**卷帙浩繁** 普通人阅读没头绪、没精力、看不懂。	VS	**精华集萃** 星云大师亲选132种书目，提纲挈领，方便读经。
第二回合	**古文艰涩繁体竖排** 佛经文辞晦涩，多用繁体竖排版：读经门槛高。	VS	**白话精译简体横排** 经典原文搭配白话精译，既可直通经文，又可研习原典。
第三回合	**经义玄奥难尝法味** 微言大义，法义幽微，没有明师指引难理解。	VS	**专家注解普利十方** 华人佛学界顶级专家精注精解，一通百通。

《中国佛学经典宝藏》目录

深入经藏，智慧如海。
本套佛学经典适合系统的修习、诵读和佛堂珍藏。

扫一扫 购买《中国经典佛学宝藏》

月亮距离方诸如此遥远而能令珠中出水，那么，其所经过的林木皆应有流水吐出，何必依靠方诸流水？如果所经过的林木都不出水，说明水并不是月中所降。如果水是从珠中出，那么在此珠中应该常有流水，何必等到午夜月明如昼之时？如果是从空中生出，虚空没有边际，而流水也应该是没有边际的，这样，从人间到天上到处都被滔滔洪水淹没，为什么还会有水里、陆上、空中的诸种生命？

"你再仔细观察，月亮是在天上升起，珠子是用手拿着，而承接珠的水盘本是人安装的，而水是从什么地方流注于此盘中呢？月亮与珠子相去很远，不能和，也不能合，总不能说水精没有来处而自有吧！这是因为你还是不知道在如来藏中，水的本性是空的真体，空的本性是水的真体。此体本来清净，充满整个法界，是随着众生之心，适应众生所能知道的量的限度。在一个地方执珠，一处就能出水；如果遍整个法界之人都执此珠，则水就能遍法界而出生。水生满整个世间，还有安宁的地方吗？只能随众生的行业而显现，世间之人无知，迷惑其为因缘和合所生，或自然之性，这都是识心的分别计度，徒有言说，实际上没有真实的意义。

原典

"阿难，风性无体，动静不常。汝常整衣，入于大众。僧伽梨①角，动及傍人；则有微风，拂彼人面。此风为复出袈裟②角，发于虚空，生彼人面？阿难，此风若复出袈裟角，汝乃披风，其衣飞摇，应离汝体。我今说法，会中垂衣，汝看我衣，风何所在？不应衣中，有藏风地。若生虚空，汝衣不动，何因无拂？空性常住，风应常生。若无风时，虚空当灭。灭风可见，灭空何状？若有生灭，不名虚空；名为虚空，云何风出？若风自生被拂之面，从彼面生，当应拂汝，自汝整衣，云何倒拂？

"汝审谛观，整衣在汝，面属彼人。虚空寂然，不参流动，风自谁方鼓动来此？风空性隔，非和非合，不应风性，无从自有。汝宛不知如来藏中，性风真空，性空真风。清净本然，周遍法界，随众生心，应所知量。阿难，如汝一人，微动服衣，有微风出；遍法界拂，满国土生，周遍世间，宁有方所？循业发现，世间无知，惑为因缘及自然性，皆是识心分别计度，但有言说，都无实义。"

①**僧伽梨**：梵文音译，为比丘三衣之一，是三衣中最大者，故称大衣，入王宫聚落，乞食说法必服此衣。

②**袈裟**：亦梵文音译，意译曰不正色，即不用青、黄、赤、白、黑等正色，而用杂色。是比丘法衣的总称，因色而名。其衣形如长方形，是用许多小片衣料缀合而成，又称割截衣等。比丘法衣有大中小三种，小者名安陀会，中者名郁多罗僧，大者名僧伽梨。

译文

"阿难，风性没有固定之体，动静无常。当你穿好衣服，向大众中走去时，你袈裟的衣角会碰到旁边的人；如果有微风，则会拂及他人脸面。那么，此吹动衣服的风是从袈裟角中生出，还是发自虚空，还是从他人脸面上发生？阿难，此风如果是从袈裟角中生出，你乃是把风披在身上，当你的衣服摇动起来，此风应该离开你的身体。我现在说法，与会的大众都看到我的衣服下垂，你看看我的衣服，风在什么地方？不应说我的衣服中有藏风之地吧！如果风是从虚空中生出，当你的衣服不动之时，为何没有风来拂面？虚空其性常住，风也应当常生；如果没有风，虚空亦应随之消灭。风的消失是可以观察到的，虚空的消灭到底是个什么样子？虚空如果有生有灭，就不会叫作虚空；既然叫作虚空，又如何说有风生出？如果风是自生于被风所拂的脸面，既然风是从被拂的脸面上生出，就应当先拂自己的面，为何当你整衣之时，反倒拂他人之面？

　　"你仔细地观察，整理衣服是你自己做的，而被拂的脸面是属于他人的；虚空寂静不掺杂任何流动，那么，风是从何方鼓动来到这里？风和虚空，其性相差很远，不能和，也不能合，总不能说风之性是没有来处而自有吧！这是因为你不知道在如来藏中，风之性是空的真体；空之性是风的真体，此体本来清净，充满整个法界，是随着众生之心，适应众生所能知道的量的限度。阿难，如果你一个人微微动一下衣服，就有微风生出；如果整个法界之人都拂动衣服，那么，遍满国土都有风生，这样，遍满整个世间，哪里会有平静之处？因此，风是随着众生的行业显现的，世间之人无知，迷惑其为因缘和合所生，或自然之性。这都是识心的分别计度，徒有言说，实际上没有真实的意义。"

4 卷四（节选）

原典

佛言："富楼那，如汝所言，清净本然，云何忽生山河大地？汝常不闻如来宣说：性觉妙明①，本觉明妙？"富楼那言："唯然，世尊，我常闻佛宣说斯义。"佛言："汝称觉明，为复性明，称名为觉。为觉不明，称为明觉。"富楼那言："若此不明，名为觉者，则无所明。"佛言："若无所明，则无明觉。有所非觉，无所非明，无明又非觉湛明性。性觉必明，妄为明觉。觉非所明，因明立所。所既妄立，生汝妄能。无同异中，炽然成异。异彼所异，因异立同。同异发明，因此复立无同无异。

①**妙明**：妙者寂静长住；明者通照一切。

译文

佛说："富楼那，如你所说，（世间一切根、尘、阴、处、界等，皆如来藏）本来清净，为什么忽然生出山河大地？你有没有听到如来时常宣讲：觉之体性妙明，觉之本性明妙吗？"富楼那回答说："是这样的，世尊，我常听佛宣讲这个道理。"佛说："你所说的觉明，是其体性本来是明，故叫作觉。还是觉本来是不明的，须要使它明，才称明觉。"富楼那说："如果此不明之觉被叫作觉，那么，这个觉也就无所谓明了。"佛说："如果觉没有所明，也就没有明觉。有所明而并不是觉，无所明就不是明，无明又怎么能是湛然明性。觉之体性必定是明，言明觉者就是妄。觉并不是所要明的对象，是因能明而立为能明的对象。既然此能明的对象被妄想所立，也就产生了你的妄想之能。这样，在本来清净没有同和异的一体之中，就忽然显现出种种不相同的差别之境，并使这些差别之相相互对立，又由此差别之相再立共同没有差别的虚空境界。同和异的两种境界既然产生，又再次妄想出既不是同也不是异的境界。

原典

"如是扰乱，相待生劳。劳久发尘，自相浑浊，由是引起尘劳烦恼，起为世界，静成虚空。虚空为同，世界为异。彼无同异，真有为法。

"觉明空昧，相待成摇，故有风轮执持世界。因空生摇，坚明立碍。彼金宝者，明觉立坚，故有金轮保持国土①。坚觉宝成，摇明风出。风金相摩，故有火光，为变化性。宝明生润，火光上蒸，故有水轮含十方界。火腾水降，交发立坚。湿为巨海，干为洲滩②。以是义故，彼大海中，火光常起；彼洲滩中，江河常注。水势劣火，结为高山，是故山石击则成焰，融则成水。土势劣水，抽为草木，是故林薮③遇烧成土，因绞成水。交妄发生，递相为种。以是因缘，世界相续。

注释

①金轮保持国土：佛教认为，世界最底层为风轮，风轮之上为水轮，水轮之上是金轮，金轮之上有九山八海，是为地轮。

②滩：水中的沙丘。

③薮：此处指野草。

译文

"本来清净的如来藏性，就是因为如此的扰乱，在同异的对立中产生了粗识劳虑。此劳虑相续不断，产生了尘相，尘相自相浑浊，产生了业相，从而引起尘劳烦恼。此种种烦恼起而生起世界，静而变成虚空。虚空为同，世界为异，那种非同非异者，就是真正的众生有为之法。

"觉之体性本明，执妄而想欲明，就变成晦昧的虚空。明体与晦昧的虚空相互作用，使妄心产生摇动，故而产生风轮并影响世界。因晦昧的虚空而使心动，因坚持要明觉之体性而使妄心成为有碍之相。此妄心坚凝变成金宝，从而有金轮保持的国土。坚持妄觉而成金宝，欲明之念摇动而成为风，风与金相摩擦产生火光变化之功用。金宝的明性产生湿润，湿性因火光而上升为蒸气，由此有水轮含藏十方界。火性向上升腾，水性向下降生，它们交错作用，湿的成为巨海，干的成为洲滩。正因为这个缘故，在大海之中常有火光升起；在洲滩之上常有江河流注。水势劣于火，与火结合而成为高山，是故山石相击会产生火花，融化之后而变成水。土势劣于水，与水相结合，从土中长出草木，因此，林薮火烧之后变成土，拧绞则变成水。它们都是在妄想的交互作用中产生，你以我为种，我以你为种，正是因为这种因缘关系，世界从成到坏，相续无有终始。

原典

"复次，富楼那，明妄非他，觉明为咎。所妄既立，明理不逾。以是因缘，听不出声，见不超色。色香味触，六妄成就。由是分开见觉闻知。同业相缠，合离成化。见明色发，明见想成，异见成憎，同想成爱。流爱为种，纳想为胎，交遘发生，吸引同业。故有因缘，生羯罗蓝①、遏蒲昙②等。胎、卵、湿、化，随其所应。卵唯想生，胎因情有，湿以合感，化以离应。情、想、合、离，更相变易，所有受业，逐其飞沉。以是因缘，众生相续。

注释

①羯罗蓝：梵文音译，意译曰凝滑、杂秽。指异性交媾初受胎时的凝结物。

②遏蒲昙：指受胎二七日的胎的形态。

译文

"其次，富楼那，明白此妄想之因不是别的，是不知道觉的体性本来就是明，而还要去觉明，这就是妄，真觉而妄明，这就是过错之所在。所妄之业相既然已经成立，此欲明觉体的妄能，自然就不能得到了义，从而有很大的局限。正因为这种缘故，听超不出声音，见超不出色相，于是色香味触等六种尘境妄想得以成就，由此区分出见、觉、闻、知。同一类业相缠在一起，或合而成形，或离而化生。妄心觉明而产生色境，欲明所见之色而产生妄想。不同的妄见之间造成憎恨，而同一的妄见又相互产生爱心。此爱心流于心中成为种子，爱心不舍就会形成胚胎；通过异性交媾，吸引以往同一业相而入于胎中。因为这种缘故，因缘和合而生羯罗蓝、遏蒲昙等。胎、卵、湿、化四生，都是随着其所感受的不同而产生。卵生唯因妄想而受生；胎生是因爱恋之情而受生；湿生因感觉合于新境而受生；化生则因厌离旧境，情爱他境而受生。此情、想、合、离四境并不是固定的，而是处在不断地变化之中，所有众生，都是依从自己的行业受生，或者飞升，或者下沉，正是由于这些原因，众生在卵、胎、湿、化诸生中相续不断，无始无终。

原典

　　"富楼那，想爱同结，爱不能离，则诸世间，父母子孙，相生不断。是等则以欲贪为本。贪爱同滋，贪不能止。则诸世间，卵、化、湿、胎，随力强弱，递相吞食。是等则以杀贪为本。以人食羊，羊死为人，人死为羊，如是乃至十生之类，死死生生，互来相啖。恶业俱生，穷未来际。是等则以贪盗为本。汝负我命，我还汝债，以是因缘，经百千劫，常在生死。汝爱我心，我怜汝色，以是因缘，经百千劫，常在缠缚，唯杀、盗、淫，三为根本，以是因缘，业果相续。

"富楼那，如是三种颠倒相续，皆是觉明明了知性，因了发相，从妄见生，山河大地诸有为相①，次第迁流。因此虚妄，终而复始。"

注释

①**有为相**：有为即有为法。佛教把一切由因缘造作的，相互联系有生灭变化的物质或精神的现象，称作有为法，与无为法相对。有为法有"四有为相"，指生、住、异、灭。从无到有曰生，生后的表相或作用功能曰住，由生向灭的转变过程名异，从有变无曰灭。

译文

"富楼那，爱恋之情相结合而受生，此情爱结缚难离，因此在诸世间中，父母、子孙一代一代相续不断，此类受生是以情爱的贪求为其本因。情爱所生之身，都需滋养其命，故贪心不止。因此，诸世间中，卵生、化生、湿生、胎生都是依据自己力量的强弱，互相吞食。如此一类的受生是以贪求杀生为其本因。人食羊，羊死之后变成人，人死之后又变为羊。如此情景对十种生类都是一样的，他们生生死死，互相残杀，互相吞食，带着恶业轮回受生，没有休止而穷尽未来之际。如是一类的受生，是以盗贪为其本因。你欠下我的命，我以命还你的债，这样下去，虽然经历百千劫数，都仍然处在生死之中。你爱我的心，我怜你的色身，虽然经历百千劫数，依然互相缠缚难舍，唯有杀、盗、淫三种贪求是其根本。因此缘故，业果相续不断，无始无终。

　　"富楼那，如此这样的三种颠倒相续，都是因为觉体本来妙明，而要妄为明了觉性，由此产生妄见，妄见中产生山河大地诸有为相的灭而复生，迁流不息。这都是由此虚妄产生，终而复始。"

5 卷五（节选）

原典

　　阿难合掌，顶礼白佛："我今闻佛无遮①大悲，性净妙常真实法句②，心犹未达六解一亡，舒结伦次。唯垂大慈，再悯斯会，及与将来，施以法音，洗涤沉垢。"

　　即时，如来于师子座，整涅槃僧③，敛僧伽梨，揽七宝几，引手于几，取劫波罗天④所奉华巾，于大众前，绾成一结，示阿难言："此名何等?" 阿难大众俱白佛言："此名为结。" 于是，如来绾叠华巾，又成一结，重问阿难："此名何等?" 阿难大众又白佛言："此亦名结。" 如是伦次，绾叠华巾，总成六结。一一结成，皆取手中所成之结，持问阿难："此名何等?" 阿难大众，亦复如是，次第酬⑤佛："此名为结。"

注释

①**无遮**：普施佛法而无遮盖。

②**法句**：法有两意：一指有自体的万事万物；一指佛教的道理，所谓"轨则名法"。法句者，即佛讲说佛教道理的话。

③**涅槃僧**：梵文音译，又译曰"泥缚些那"，《大唐西域记》云："泥缚些那，即无带襻，其将服也，集衣为褶，束带以缁。褶则诸部各异，色乃黄赤不同。"此指比丘的内衣。

④**劫波罗天**：即夜摩天，欲界第三天。

⑤**酬**：报答意。

译文

阿难合掌向佛顶礼之后，对佛说："今天，我听到佛以广施一切的大悲之心，所演说的性净妙常的真实法句，但心中仍然不能明了六解一亡的舒展解结的次序。唯愿如来垂大慈悲，再次怜悯我们这些与会的大众，以及为未来的诸众生着想，给我们宣示法音，以洗涤我们心中的尘垢。"

这时，如来在狮子座上，整理了一下穿在里面的涅槃僧衣，把身上的袈裟披好，然后把七宝几拉过来，伸手在七宝几中取出劫波罗天奉献给如来的华巾，在大众之中绾结成一个结，拿给阿难看，并说："这个叫作什么？"阿难及大众都回答说："这叫作结。"于是，如来又绾叠华巾，再成一结，重新问阿难："这个叫作什么？"阿难和大众又对佛说："这也叫作结。"如来就这样按照次序绾叠华巾，总共结成六结。每当一结结成之时，都要取手中所成之结，拿着给阿难看，问阿难："这叫作什么？"阿难及大众也都是如同上面的情况，依次回答说："这个名叫结。"

原典

佛告阿难："我初绾巾，汝名为结。此叠华巾，先实一条，第二、第三云何汝曹复名为结？"阿难白佛言："世尊，此宝叠华缉绩成巾，虽本一体，如我思惟，如来一绾得一结名；若百绾成，终名百结。何况此巾只有六结，终不至七，亦不停五。云何如来只许初时，第二、第三，不名为结？"

佛告阿难："此宝华巾，汝知此巾元止一条，我六绾时，名有六结。汝审观察，巾体是同，因结有异，于意云何？初绾结成，名为第一，如是乃至第六结生。吾今欲将第六结名成第一不?""不也,世尊! 六结若存,斯第六名,终非第一,纵我历生尽其明辩,如何令是六结乱名。"佛言:"如是,六结不同。循顾本因,一巾所造,令其杂乱,终不得成。则汝六根,亦复如是。毕竟同中,生毕竟异。"

译文

佛对阿难说:"我初次绾巾,你说名叫作结。此所叠的华巾,先前也实是一条,为什么绾第二次、第三次,你们还是叫其名为结?"阿难回答说:"世尊,此宝叠华经纺织而成华巾,它们虽然本来就是一体,但我是这样想的,如来绾一次,得一结之名;如果绾成一百个结,最后的一次应该叫作百结。何况此巾只有六结,最终没有达到七,也没有停于五。为什么如来只允许初次所绾称结,第二次、第三次就不能称结呢?"

佛告诉阿难:"此巾乃宝华之巾,你知道此巾原来只有一条,我六次绾此巾时,名为六结。你仔细地观察,巾体是相同的,因为绾结而有不同,你看此意如何?当初次绾结,名叫第一,依次绾巾直至第六结成。我现在要将第六结叫作第一结可以吗?"阿难说:"不行,世尊,如果六结都存在,这个第六结终究不是第一结,纵然我毕生尽我的智慧进行明辩，无论怎样也无法使此六结乱名。"佛说："是这样的，六结是不同的，追溯它们的本因，本是一巾所造，但要叫六结的次序杂乱，终究是无法做到的。你的六根也是这样的，是在毕竟为同一的体性之中而派生的六种不同的根境。"

原典

佛告阿难："汝必嫌此六结不成，愿乐一成。复云何得？"阿难言："此结若存，是非锋起。于中自生，此结非彼，彼结非此。如来今日若总解除，结若不生，则无彼此。尚不名一，六云何成？"佛言："六解一亡，亦复如是。由汝无始心性狂乱，知见妄发。发妄不息，劳见发尘。如劳目睛，则有狂华，于湛精明，无因乱起。一切世间山河大地，生死涅槃，皆即狂劳，颠倒华相。"

阿难言："此劳同结，云何解除？"如来以手，将所结巾，偏掣其左，问阿难言："如是解不？""不也，世尊。"旋复以手偏牵右边，又问阿难："如是解不？""不也，世尊。"佛告阿难："吾今以手左右各牵，竟不能解，汝设方便，云何解成？"阿难白佛言："世尊，当于结心，解即分散。"佛告阿难："如是，如是。若欲除结，当于结心。阿难，我说佛法，从因缘生，非取世间和合粗相。

如来发明世出世法，知其本因，随所缘出，如是乃至恒沙界外一滴之雨，亦知头数。现前种种，松直棘曲，鹄白乌玄，皆了元由。是故阿难，随汝心中选择六根，根结若除，尘相自灭。诸妄销亡，不真何待?"

译文

佛对阿难说："你必是嫌此六结不能使巾成为一体，而乐意还原成一巾。那么，六结已经绾成，如何还原成一巾呢?"阿难说："如果此六结同时存在，是非就会纷然而起，这其中必然产生此结不是彼结，彼结不是此结的没有休止的争论。今天，如来若把所有的结一起解除，结如果没有了，也就没有了是此还是彼的争论。因为一结之名尚且没有，哪里还有六结之名?"佛说："六解一亡也是这个道理。由于你从无始以来，心性狂乱，在狂乱之中产生虚妄的知见。这种没有休止的虚妄的知见出现劳累，从劳累的知见中则产生出尘境。这就如同眼睛劳累，而在湛然清净的明体中见到狂乱的华相一样，是净明体中没有原因而出现杂乱的假相。一切世间山河大地及生死、涅槃，皆是狂乱的尘劳所产生颠倒的华相。"

阿难说："此狂乱尘劳既然同结一样，那么，此狂劳又是如何去解除它呢?"这时，如来用一只手偏拉绾结华巾的左边，问阿难："这样解行不行？"阿难说："不行，世尊。"如来又用一只手偏拉缩结华巾的右边，又问阿难："这样解行吗？"阿难说："不行，世尊。"佛告诉阿难："我现在用手从左边拉，或从右边拉，最后都不能把结解开，你设想个方便办法，看如何才能把结解开？"阿难对佛说："世尊，应当从结的中心去解，这样就可以把结解开。"佛告诉阿难："是的，是的。如果要想把结解除，就应当从结心入手。阿难，我所说的佛法，是从因缘所生，并不是取世间和合而成的诸种粗相而言。如来所要说明的，是要人们知道，世间及出世间的一切诸法其产生的根本原因，是怎样随缘而生的。如同这样，就连恒沙世界之外的一滴雨水，也要知道它的源头和数量。至于显现在眼前的各种各样的现象，如松树是直的，荆棘是弯的，天鹅是白的，乌鸦是黑的等，都要了解它们的由来。因此，阿难你应当从你的心中去选择六根，如果在心中使根结一一解除，诸种尘相自然消亡。既然诸种虚妄尘相消亡了，这不是真又是什么呢？"

原典

　　"阿难，吾今问汝：此劫波罗巾，六结现前，同时解萦，得同除不？""不也，世尊。是结本以次第绾生，今日当须次第而解。六结同体，结不同时，则解结时，云何同除？"佛言："六根解除，亦复如是。此根初解，先得入空。空性圆明，成法解脱①。解脱法已，俱空不生，是名菩萨从三摩地得无生忍②。"

阿难及诸大众，蒙佛开示，慧觉③圆通，得无碍惑④。

注释

①**法解脱**：解脱，佛教的重要概念。梵文音译曰木底（Mukti），意译曰解脱，意为从烦恼业障中摆脱出来，得到自在，与涅槃的含义相通。法解脱，即从一切法中摆脱出来，不为一切法所迷惑。

②**无生忍**：无生，即无生无灭之理；忍者，认可、信受。无生忍，即于"无生灭诸法实相中信受、通达、无碍、不退"。

③**慧觉**：自觉觉他的智慧。

④**无碍惑**：无碍者，自在通达意；惑，对尘境的迷惑不识，是烦恼的总称，业报轮回的总因。无碍惑，意为通达一切，没有任何所惑之事。

译文

"阿难，我现在问你：此劫波罗巾六结已成，并放在你的面前，如果同时去解它们的结能够同时解开吗?"阿难回答说:"不能，世尊。此六结本是顺次一个一个缩成的，现在也应当按照次序一个一个地去解。六结虽然在同一个巾上，但不是同时缩结而成，因而解结时，怎么能说同时解除呢?"佛说:"六根之结解除也是这样。要使此根结初解，先得断灭六根所觉尘境而入空。进而，空性圆明，觉和所觉皆空，不为一切法所惑而成法解脱。使一切法得到解脱之后，既然生灭诸法已灭，一切都归于寂灭，也就没有空相所生。这就叫作菩萨从三摩提得无生忍。"

阿难及与会大众，承蒙佛的开示，智慧的觉性圆满通达，再也没有疑惑之处。

6 卷六（节选）

尔时，观世音菩萨①即从座起，顶礼佛足而白佛言："世尊，忆念我昔无数恒河沙劫，于时，有佛出现于世，名观世音。我于彼佛，发菩提心②。彼佛教我，从闻思修，入三摩地。初于闻中，入流亡所。所入既寂，动静二相，了然不生。如是渐增，闻所闻尽。尽闻不住，觉所觉空。空觉极圆，空所空灭。生灭既灭，寂灭现前。忽然超越世出世间，十方圆明，获二殊胜。一者，上合十方诸佛本妙觉心，与佛如来，同一慈力；二者，下合十方一切六道众生，与诸众生同一悲仰。

"世尊，由我供应观音如来，蒙彼如来，授我如幻③闻熏闻修金刚三昧④，与佛如来同慈力故，令我身成三十二应，入诸国土。

注释

①**观世音菩萨**：菩萨即菩提萨埵的略称，意为"觉有情"，或译作"大士"，指有希望达到佛那样觉行圆满的人。菩萨修持大乘六度，求无上菩提，最后成就佛果。观世音菩萨具有大慈大悲之心，他可以显示种种化身，应众生之音声，前往拯救、度脱众生的苦难。在中国佛教中，他与普贤、文殊、地藏并称为四大菩萨。

②**菩提心**：菩提意译作觉、正觉、无上智慧、佛道等，指对佛教真理的觉悟。菩提心即求正觉之心，所谓"菩萨初发心，缘无上道，我当作佛，是名菩提心"（《大智度论》卷四十一）。

③**如幻**：即看来真实，实则是没有实体的虚幻的假相。

③**金刚三昧**：金刚者，最坚固锐利，能摧毁一切。金刚三昧，即通达一切诸法，能破一切诸种烦恼没有遗余的三昧。

译文

此时，观世音菩萨从座位上站起来，在顶礼佛足之后，对佛说："世尊，回想我在无数恒河沙劫以前，当时有一位佛出现于世，名观世音。我在这位佛的面前，发菩提心。此佛教导于我，要我从听闻、思维、修行慧觉，入三摩地。最初于闻性中修行时，由于闻性内流，离开了声尘，因而闻无所闻；也由于所闻之声既无，就呈现出一片寂静的状态，动和静二种相状也就根本不会产生。这样的渐渐增进，闻性和所闻的声相俱都亡尽，此时就只有心的觉性。既然闻性与所闻声相俱已亡尽，此觉心和所觉之境皆成为空。此觉空之性周遍一切，就使觉空之智和所觉空境俱消亡。一切生灭也由此不存。既然生灭已灭，寂灭之性也就最后显现在眼前。当此之时，忽然超越世间和出世间，并于十方世界，圆满周遍一切诸法而获得两种殊胜妙用。一者，上合十方诸佛的本妙觉心，与佛如来具有同一的慈悲之心和神力；二者，下合一切六道众生，与他们具有同样的苦乐悲欢。

"世尊，由于我供养观音如来，承蒙他授予我神妙如幻的薰习觉性，修习闻觉之慧的金刚三昧，而与如来具有同一的慈悲之心和神力，能使我身成就三十二种应化之身，进入各种人间国土。

原典

"世尊，若诸菩萨，入三摩地，进修无漏，胜解现圆，我现佛身，而为说法，令其解脱。

"若诸有学①，寂静妙明，胜妙现圆。我于彼前，现独觉身，而为说法，令其解脱。

"若诸有学，断十二缘②，缘断胜性，胜妙现圆，我于彼前，现缘觉身，而为说法，令其解脱。

"若诸有学，得四谛空③，修道入灭，胜性现圆，我于彼前，现声闻身，而为说法，令其解脱。

"若诸众生，欲心明悟，不犯欲尘，欲身清净，我于彼前，现梵王④身，而为说法，令其解脱。

"若诸众生，欲为天主，统领诸天，我于彼前，现帝释⑤身，而为说法，令其成就。

"若诸众生，欲身自在，游行十方，我于彼前，现自在天⑥身，而为说法，令其成就。

"若诸众生，欲身自在，飞行虚空，我于彼前，现大自在天⑦身，而为说法，令其成就。

"若诸众生，爱统鬼神，救护国土，我于彼前，现天大将军⑧身，而为说法，令其成就。

"若诸众生，爱统世界，保护众生，我于彼前，现四天王身，而为说法，令其成就。

"若诸众生，爱生天宫，驱使鬼神，我于彼前，现四天王国太子⑨身，而为说法，令其成就。

"若诸众生，乐为人王，我于彼前现人王身，而为说法，令其成就。

"若诸众生，爱主族姓，世间推让，我于彼前，现长者身，而为说法，令其成就。

"若诸众生，爱谈名言⑩，清净自居，我于彼前，现居士⑪身，而为说法，令其成就。

"若诸众生，爱治国土，剖断邦邑，我于彼前，现宰官身，而为说法，令其成就。

"若诸众生，爱诸数术⑫，摄卫自居，我于彼前，现婆罗门⑬身，而为说法，令其成就。

"若有男子，好学出家，持诸戒律，我于彼前，现比丘身，而为说法，令其成就。

"若有女人，好学出家，持诸禁戒，我于彼前，现比丘尼身，而为说法，令其成就。

"若有男子，乐持五戒，我于彼前，现优婆塞身，而为说法，令其成就。

"若有女子，五戒自居，我于彼前，现优婆夷身，而为说法，令其成就。

"若有女人，内政⑭立身，以修家国，我于彼前，现女主身，及国夫人，命妇大家⑮，而为说法，令其成就。

"若有众生，不坏男根，我于彼前，现童男身，而为说法，令其成就。

"若有处女，爱乐处身，不求侵暴，我于彼前，现童女身，而为说法，令其成就。

"若有诸天，乐出天伦⑯，我现天身，而为说法，令其成就。

"若有诸龙，乐出龙伦，我现龙身，而为说法，令其成就。

"若有药叉⑰，乐度本伦，我于彼前，现药叉身，而为说法，令其成就。

"若乾闼婆⑱，乐脱其伦，我于彼前，现乾闼婆身，而为说法，令其成就。

"若阿修罗，乐脱其伦，我于彼前，现阿修罗身，而为说法，令其成就。

"若紧那罗，乐脱其伦，我于彼前，现紧那罗⑲身，而为说法，令其成就。

"若摩呼罗伽，乐脱其伦，我于彼前，现摩呼罗伽⑳身，而为说法，令其成就。

"若诸众生，乐人修人，我现人身，而为说法，令其成就。

"若诸非人，有形无形，有想无想，乐度其伦，我于彼前，皆现其身，而为说法，令其成就。

"是名妙净三十二应入国土身，皆以三昧闻熏闻修，无作妙力，自在成就。"

注释

①**有学**：获得小乘四果前三果的圣者谓之有学；第四果谓之无学，所谓"进趣修习，名为有学；进趣圆满，止息休习，名为无学"（《法华玄赞》卷一）。小乘前三果称须陀洹果（预流果）、斯陀含果（一来果）、阿那含果（不还果），第四果即阿罗汉果。

②**十二缘**：即十二因缘，包括无明、行、识、名色、六入、触、受、爱、取、有、生、老死十二个部分。佛教认为，十二因缘的因果循环就如同"十二重城"一样，使众生永世在六道轮回中受苦。

③**四谛空**：四谛即苦、集、灭、道。苦是人生的基本内容，称苦谛；贪爱所集之烦恼是苦的根源，称集谛；佛教修行所要达到的目的就是断灭一切苦的根源，称灭谛；一切断灭苦、集的正确的修行方法，如八正道称道谛。明四谛真理，入真空寂灭的涅槃境地即四谛空。

④**梵王**：即大梵天王，色界天之主。

⑤**帝释**：梵文云释提桓因，即天帝，为忉利天又译曰三十三天之主，居须弥山顶，统领其他三十二天。

⑥**自在天**：指欲界六天中的第六天，又称他化自在天。

⑦**大自在天**：在色界之顶，为三千界之主，此天主名摩醯罗天，据说八臂三眼，骑白牛。

⑧**大将军**：指四大天王所统领的部将。据载四大天王麾下各有八大将军。

⑨**四天王国太子**：指四大天王之子。据载，四大天王各有九十一子。

⑩**名言**：即真实入理之言。

⑪**居士**：指居家修道之人。又有称"多积贿货，居业丰盈"者为居士。

⑫**数术**：数，著策之数；术，思通造化，策谋奇妙者。数术即占卜星相一类的巫术及炼气调神之法。

⑬**婆罗门**：梵文音译，意译曰净行、净志等。印度四种姓中的"最胜种姓"，主祭司。

⑭**内政**：古代称妻妾为内，守妇道、孝敬仁慈等称内政。

⑮**命妇大家**：命，为敕赐的爵位，命妇即有爵位的妇人；大家，大有德美广博之意，大家者，德才兼备，堪为人师的妇人。

⑯**天伦**：伦者类也，天伦即天类。

⑰**药叉**：又名夜叉。属鬼道，有三种，一在地上，一在虚空，一在天上。此鬼勇健、轻捷、秘密，能啖鬼伤人，归依佛并护持佛法。为八部众之一众。

⑱**乾闼婆**：意译曰香神、嗅香、香阴等，为天帝的俗乐之神，以香为食。为八部众之一众。

⑲**紧那罗**：意译作非人，即似人又并非人，故名。为帝释的乐神，为八部众之一众。

⑳**摩呼罗伽**：译为大莽神，又称地龙，亦为八部众之一众。

译文

"世尊，如果诸菩萨入三摩地，进修无漏之知并达到圣智圆满之时，我就现出佛身，为他们说法，使他们得到解脱。

"如果诸有学修行之人，已进入寂静妙明的境地，其所得到的妙明殊胜之境也已圆满周遍，我就在他们的面前现独觉之身，为他们说法，使他们得到解脱。

"如果诸有学修行之人，断除了十二因缘，因断除了因缘而显出殊胜的妙性，当此胜妙之性圆满周遍时，我就在他们的面前现缘觉身，为他们说法，使他们得到解脱。

"如果诸有学修行之人，得闻四谛和诸法无我皆空的道理，从而断除一切贪欲，修无为正道，当此胜道圆满周遍时，我就在他们的面前现声闻身，为他们说法，使他们得到解脱。

"如果诸众生，想要使自己的身心明亮开悟，不被欲界各种欲望尘境所污染，而欲使身心清净，我就在他们的面前显梵王身，为他们说法，使他们得到解脱。

"如果诸众生，欲想居天主之位，统领诸天，我就在他们的面前现帝释身，为他们说法，使他们的愿望得以实现。

"如果诸众生，欲使身心自在，而在十方世界任意游行，我就在他们的面前现自在天身，为他们说法，使他们的愿望得以实现。

"如果诸众生，欲使身心自在，任意在虚空中飞行，我就在他们的面前现大自在天身，为他们说法，使他们的愿望得以实现。

"如果诸众生，喜欢统率鬼神，护持世间国土，我就在他们的面前现天上的大将军身，为他们说法，使他们的愿望得以实现。

"如果诸众生，喜欢统率世界，保护众生，我就在他们的面前现出四大天王之身，为他们说法，使他们的愿望得以实现。

"如果诸众生，喜欢生活在天宫之中，并能驱使鬼神，我就在他们的面前现四天王国太子之身，为他们说法，使他们的愿望得以实现。

"如果诸众生，喜欢成为人类的统治者，我就在他们的面前现人王之身，为他们说法，使他们的愿望得以实现。

"如果诸众生，喜欢主持一个家族，而且被世间家族之人所推举，我就在他们的面前现长者之身，为他们说法，使他们的愿望得以实现。

"如果诸众生，喜欢谈论分明事理之言，以清净自居，我就在他们的面前现居士身，为他们说法，使他们的愿望得以实现。

"如果诸众生，喜欢治理国家，剖析判断邦邑是非之事，我就在他们的面前现宰官身，为他们说法，使他们的愿望得以实现。

"如果诸众生，喜欢诸种数术，以调护人身寿命自居，我就在他们的面前现婆罗门身，为他们说法，使他们的愿望得以实现。

"如果有男子，向往佛法，愿意出家，并能持诸种戒律，我就在他的面前现比丘身，为他说法，使他的愿望得以实现。

"如果有女人，向往佛法，愿意出家，并能持诸种戒律，我就在她的面前现比丘尼身，为她说法，使她的愿望得以实现。

"如果有男子，愿意执持五戒，我就在他的面前现优婆塞身，为他说法，使他的愿望得以实现。

"如果有女人，以执持五戒自守，我就在她的面前现优婆夷身，为她说法，使她的愿望得以实现。

"如果有女人，以修妇道作为立身的准则，并以此修治家国，我就在她的面前现女王或王后身，或为国夫人身，或为命妇大家之身，为她说法，使她的愿望得以实现。

"如果有男子，断除男女之欲，保持童贞之身，我就在他的面前现童男身，为其说法，使他的愿望得以实现。

"如果有处女，愿意永保处女之身，不希望受到异性的强施和侵犯，我就在她的面前现童女身，为其说法，使她的愿望得以实现。

"如果有诸天天人，愿意出离天趣，我就现诸天身，为他们说法，使他们的愿望得以实现。

"如果有诸种龙，愿意出离龙类，我就现龙身，为他们说法，使他们的愿望得以实现。

"如果有药叉，愿意度脱本类，我就在他们的面前现药叉身，为他们说法，使他们的愿望得以实现。

"如果乾闼婆，愿意度脱本类，我就在他们的面前现乾闼婆身，为他们说法，使他们的愿望得以实现。

"如果阿修罗，愿意度脱本类，我就在他们的面前现阿修罗身，为他们说法，使他们的愿望得以实现。

"如果紧那罗，愿意度脱本类，我就在他们的面前现紧那罗身，为他们说法，使他们的愿望得以实现。

　　"如果摩呼罗伽，愿意度脱本类，我就在他们的面前现摩呼罗伽身，为他们说法，使他们的愿望得以实现。

　　"如果诸众生，愿意保持人身，并进而修行人身，我就现人身为他们说法，使他们的愿望得以实现。

　　"如果诸种不是人的，有形无形的，有思想和没有思想的一切物类，愿意度脱本类，我都将在它们的面前现它们之身，为它们说法，使它们的愿望得以实现。

　　"这就是我无所来处，去无所至，无碍无滞的三十二种妙净应入国土之身。他们都是我于三昧中修习闻性和闻慧所获得的无造作的神妙之力，所随意自在成就的。"

7　卷七（节选）

原典

　　"阿难，汝问摄心①，我今先说入三摩地修学妙门。求菩萨道要先持此四种律仪，皎如冰霜，自不能生一切枝叶，心三口四②，生必无因。

　　"阿难，如是四事，若不遗失，心尚不缘色、香、味、触，一切魔事，云何发生？若有宿习，不能灭除，汝教是人，一心诵我佛顶光明摩诃萨怛多般怛啰无上神咒③。斯是如来无见顶相④，无为心佛⑤，从顶发辉，坐宝莲华所说心咒。且汝宿世与摩登伽历劫因缘，恩爱习气，非是一生及与一劫，我一宣扬，爱心永脱，成阿罗汉。彼尚淫女，无心修行，神力冥资，速证无学，云何汝等在会声闻求最上乘，决定成佛，譬如以尘扬于顺风，有何艰险?

注释

①**摄心**：使散乱之心统摄为一。

②**心三口四**：指三种心业：贪、嗔、痴；四种口业：绮语、恶口、两舌、妄语。

③**佛顶光明摩诃萨怛多般怛啰无上神咒**：摩诃萨怛多般怛啰，译曰大白伞盖，意为断绝一切妄尘，清净无染，并荫覆一切众生。咒名全句指出，此咒为最妙最尊，能使一切众生成就佛果。

④**无见顶相**：佛三十二相中的肉髻相，此相中有一切人都无法见到的顶点，称无见顶相。

⑤**无为心佛**：无造作，无生、住、异、灭四相曰无为，佛教以此为真理，涅槃、实性等皆无为的异名。无为心佛，即此佛是从如来的无为心中所显。

译文

"阿难，你问如何使散乱之心统摄为一？我现在先向你说入三摩地的修学妙门。如果要求得菩萨之道，首先要执持上述的四种律仪（指断淫、断杀、断盗、断妄）。持此四种律仪就可使身心皎洁如同冰霜，自然不能生出种种枝叶；三种心业、四种口业也就必然没有了产生的原因。

"阿难，如果这四种律仪，每一种都没有遗留地完全做到了，那么，心尚且不攀缘色、香、味、触等尘境，一切魔事怎么能产生呢？如果日久所积的惑业种习，一时难以除掉，你要教导这种人，一心一意诵念我的佛顶光明摩诃萨怛多般怛啰无上神咒。这是如来最妙最尊的无见顶相，是无为心中所现的佛的心印，是佛从顶上发出的光辉，是佛坐在宝莲华中所说的心咒。你在过去世中，与摩登伽所经历的数劫因缘，恩爱习气，并不是一生或一劫中形成的，然而一听到我宣说此咒，就能永远脱离爱心而成就阿罗汉果。那个摩登伽是一个淫女，而且没有发心修行，尚且可以在此咒神力的暗助下迅速地得证无须再行修学的阿罗汉果，何况你们这些与会的声闻乘中的修学之人，是已发心求证最上乘，决心成就佛果的人，还能有什么艰难险阻可言？这就好比在顺风中扬尘一样太容易了。

原典

"若有末世，欲坐道场，先持比丘清净禁戒①，要当选择戒清净者第一沙门，以为其师。若其不遇真清净僧，汝戒律仪必不成就。

"戒成以后，着新净衣，然香闲居，诵此心佛所说神咒一百八遍，然后结界建立道场。求于十方现住国土无上如来，放大悲光，来灌其顶②。

"阿难，如是末世清净比丘，若比丘尼、白衣檀越③，心灭贪淫，持佛净戒，于道场中发菩萨愿，出入澡浴，六时行道。如是不寐，经三七日，我自现身至其人前，摩顶安慰，令其开悟。"

阿难白佛言："世尊，我蒙如来无上悲诲，心已开悟，自知修证无学道成。末法修行，建立道场，云何结界合佛世尊清净轨则？"

佛告阿难："若末世人，愿立道场，先取雪山大力白牛，食其山中肥腻香草。此牛唯饮雪山清水，其粪微细，可取其粪，和合旃檀④，以泥其地。若非雪山，其牛臭秽，不堪涂地。别于平原，穿去地皮五尺以下，取其黄土，和上旃檀、沉水、苏合、薰陆、郁金、白胶、青木、零陵、甘松及鸡舌香，以此十种细罗为粉，合土成泥，以涂场地，方圆丈六，为八角坛。

"坛心置一金、银、铜、木所造莲华，华中安钵，钵中先盛八月露水，水中随安所有华叶。取八圆镜，各安其方，围绕华钵。镜外建立十六莲华、十六香炉，间华铺设，庄严香炉，纯烧沉水，无令见火。

"取白牛乳，置十六器，乳为煎饼，并诸砂糖、油饼、乳糜、苏合、蜜姜、纯酥、纯蜜及诸果子、饮食、葡萄、石蜜种种上妙等食，于莲华外，各各十六，围绕华外，以奉诸佛及大菩萨。每以食时，若在中夜，取蜜半升，用酥三合，坛前别安一小火炉，以兜楼婆香⑤，煎取香水，沐浴其炭，然令猛炽，投是酥蜜于炎炉内，烧令烟尽，享佛菩萨。

　　"令其四外，遍悬幡华于坛室中，四壁敷设十方如来及诸菩萨所有形像。应于当阳张卢舍那⑥、释迦⑦、弥勒⑧、阿閦⑨、弥陀⑩诸大变化，观音形像，兼金刚藏⑪，安其左右；帝释、梵王、乌刍瑟摩⑫并蓝地迦⑬、诸军茶利⑭与毗俱胝⑮、四天王等，频那夜迦⑯，张于门侧，左右安置。

　　"又取八镜，覆悬虚空，与坛场中所安之镜，方面相对，使其形影重重相涉。

　　"于初七中，至诚顶礼十方如来，诸大菩萨、阿罗汉号。恒于六时，诵咒围坛，至心行道，一时常行一百八遍。

　　"第二七中，一向专心发菩萨愿，心无间断，我毗奈耶⑰先有愿教。

　　"第三七中，于十二时，一向持佛般怛啰咒。至第四七日，十方如来一时出现镜交光处。承佛摩顶，即于道场，修三摩地，能令如是末世修学，身心明净，犹如琉璃。

"阿难，若此比丘，本受戒师及同会中十比丘等，其中有一不清净者，如是道场多不成就。

"从三七后，端坐安居，经一百日，有利根⑱者，不起于座，得须陀洹。纵其身心，圣果未成，决定自知成佛不谬。汝问道场建立如是。"

阿难顶礼佛足而白佛言："自我出家，恃佛憍爱，求多闻故，未证无为，遭彼梵天邪术所禁，心虽明了，力不自由，赖遇文殊，令我解脱。虽蒙如来佛顶神咒，冥获其力，尚未亲闻。唯愿大慈，重为宣说，悲救此会诸修行辈，末及当来在轮回者，承佛密音，身意解脱。"于时会中一切大众，普皆作礼，伫闻如来秘密章句。

尔时，世尊从肉髻中，涌百宝光，光中涌出千叶宝莲。有化如来，坐宝华中，顶放十道百宝光明，一一光明皆遍示现十恒河沙。金刚密迹⑲，擎山持杵，遍虚空界。大众仰观，畏爱兼抱，求佛哀祐，一心听佛无见顶相放光如来宣说神咒。

注释

①**比丘清净禁戒**：即戒淫、杀、盗、妄四种律仪。

②**灌其顶**：古天竺风俗，国王即位要用四海之水灌其顶以表示祝贺。佛教密教借此意也行灌顶仪式。按内容说分传法灌顶和结缘灌顶两种；按形式说分为摩顶灌顶、放光灌顶、授记灌顶几种。

③**白衣檀越**：白衣即在家人；檀越即施主。

④**旃檀**：一种香木，出自南印度。

⑤**兜楼婆香**：一种香料，又称苜蓿香。

⑥**卢舍那**：三身佛中的报身佛之称，又称受用身，译曰净满，或光明遍照。

⑦**释迦**：即释迦牟尼佛，三身佛中的应身佛。

⑧**弥勒**：意译曰慈氏，又称补处佛，即释迦牟尼佛灭后，将有弥勒继承佛位。佛经称：佛入灭后，弥勒出生在兜率天内院，经五十六亿七千万年下生人间，于华林园龙华树下成正觉，因此又称未来佛。

⑨**阿閦**：佛名，全称阿閦鞞，译曰不动、无动、无嗔恚。成佛号东方，其国土名善快。

⑩**弥陀**：即阿弥陀佛之略，译曰无量，故又称无量寿佛，是佛如来的一种称号。彼佛光明无量，照十方国无所障碍。

⑪**金刚藏**：菩萨名。此菩萨形象为愤怒身，或持金刚杵以伏恶魔。

⑫**乌刍瑟摩**：译曰不洁净、秽迹、火头等。为金刚

名，称火头金刚或不净洁金刚。

⑬**蓝地迦**：即青面金刚，一身四手，身青色。

⑭**军荼利**：即军荼利金刚，此金刚八臂，作愤怒形。

⑮**毗俱胝**：又称毗俱胝天女、毗俱胝观音，为八大观音之一。此天女三目四手，现愤怒形。

⑯**频那夜迦**：鬼神名，即欢喜天，此神显夫妇二身相抱，象头人身像。

⑰**毗奈耶**：即律藏。

⑱**利根**：利，锐利；根即根器。利根，即能够迅速理解佛理的根器。

⑲**金刚密迹**：夜叉神总名，又称密迹力士。此神手持金刚，常亲近佛，能闻佛秘密事迹故名。

译文

"如果到了末法时期，有想做道场者，首先应当持比丘的清净禁戒，并且要选择以持清净戒第一著称的沙门为师。如果其人遇不上真清净僧，他所持的禁戒律仪就必定不能成就。

"在成就禁戒之后，穿上新的清洁的衣服，在一个静室之中，先点燃香，默默地诵念此心佛所说的神咒一百零八遍，然后结界，建立道场。这时，求现在已经在十方国土中的无上如来，从大悲心中放大光辉来灌其顶。

"阿难，在末世中的这些想做道场的清净比丘，以及比丘尼、白衣檀越，如果心中除灭了贪淫之欲，奉持佛的清净戒律；在道场中发菩萨愿，出入道场必行澡浴，一日六时都在进行修行。如此这样，夜以继日，经过三个七天，我自然现身于此人之前，摩其人之顶，安慰他，并使他开悟。"

阿难对佛说："世尊，我蒙受如来无上的悲悯和教诲，心中已经开悟，已自知证得无学阿罗汉道果。但是，在末法时期，如果修行建立道场，什么样的结界才符合佛世尊的清净轨则？"

佛告诉阿难："如果末世之人，愿意建立道场，先应寻求雪山上的大力白牛，并让它吃雪山上肥腻的香草。这种牛只饮雪山上的清水，它的粪便又微且细。可取其粪与旃檀和合成泥，以这种泥涂在道场的地上。如果不是雪山上的牛，其粪臭秽，是不能用来涂地的。如果是平原上，要挖开地皮五尺以下，取出其中的黄土；然后把旃檀、沉水、苏合、薰陆、郁金、白胶、青木、零陵、甘松及鸡舌香等十种香料合在一起，用细罗做成细粉，再与黄土和合成泥，以涂道场之地，筑成方和圆直径都为一丈六尺的八角形的坛。

"在坛心放置一个用金，或银、铜、木做成的莲华；

在莲华中安放一个钵；在钵中先盛上八月的露水，在水中随处安插所有的华钵。再取八面圆镜，安放在八角坛的八个方面，让它们围绕着华叶。在八面圆镜之外，再建立十六个莲华和十六个香炉，把它们一个香炉、一个莲华地铺设开来，用莲华以庄严香炉。再用香炉纯烧沉水，但不能让火外露出来。

"取白牛的乳，放入十六个器皿中，把牛乳做成煎饼，煎饼以及砂糖、油饼、乳糜、苏合、蜜姜、纯酥及果子、饮食、葡萄、石蜜种种上好殊妙等十六种，围绕地放置于莲华外，以供奉诸佛及大菩萨。这是每日进食时的供奉。如果是在夜间，则要取蜜半升，再加上酥三合。另外在坛前安放一个小的火炉，煎兜楼婆香以取香水，用香水浸泡烧炭，点燃烧炭并令其猛烈地燃烧，将酥和蜜投入燃烧的炉火之中，一直烧到烟尽之时，以此享祭佛和菩萨。

"在坛室的四周，悬挂幡华。在坛室的四壁之上，张挂十方如来及诸菩萨所有的形像。在面南向阳的正面中央，应张挂卢舍那、释迦、弥勒、阿閦、弥陀诸大变化相；观音和金刚藏二菩萨的形像，安放在诸佛的左右方；帝释、梵王、乌刍瑟摩以及蓝地迦、诸军荼利与毗俱胝、四天王等，频那夜迦，张贴于门的左右两侧。

"再取八面镜子悬挂在坛室的虚空之中，使之与坛场中所安放的八面镜子，面面相对，使他们的影子相互重重映入镜中。

"在第一个七天中，要至诚地顶礼十方如来、诸大菩萨和阿罗汉的名号，在一日的六时之中，每一时都要始终如一不停歇地围坛诵咒，至心进行修行，每一时中要围坛诵咒一百零八遍。

"在第二个七天中，要心无间断地专心发菩萨愿。我在毗奈耶中已先有关于愿的言教。

"在第三个七天中，从一开始就要在十二时中一直持诵佛般怛啰咒。当到了第四个七天时，十方如来就会同时出现在镜子的交光之处。这时在受到佛的摩顶之后，即在道场之中修三摩地，能使此末法之世的修学之人，身心明净，就如同琉璃一样。

"阿难，如果此比丘，他原本的受戒之师及受戒时与会的十比丘中，有一人的戒根不清净的话，如上所述的道场大多是不能成就的。

"从第三个七天之后，修学之人就要进入端坐安居阶段。经过一百天的打坐，有利根者，在打坐还没有完了，就已得到了须陀洹果。纵然刚刚入流，未成圣果，然而已肯定地自知成佛已是必然之道。你所问的建立道场的事就是这样的。"

阿难在顶礼佛足之后对佛说："自从我出家以来，自恃有佛的娇爱，只求多闻，而未能去修证无为，遂遭受彼梵天邪术的禁制，在当时心里是明白的，但自己无力支配自己，失去了自由。幸好遇上文殊，才使我得到解脱。我虽蒙受如来佛顶神咒的解救，暗中获得它的力量，但未曾亲耳亲闻。唯愿大慈的世尊，再为我等宣说此咒，以大悲之心救度此会中我辈这些修行之人，并将这种大悲之心惠及于在轮回中受苦的未来的众生，使他们承受佛的密音，身心都得到解脱。"

是时，世尊从肉髻中，涌发出百宝光，从百宝光中涌现出千叶莲华，有化身如来坐在莲华之中，如来顶上放射出十道百宝光明，一一光明之中皆遍显十恒河沙金刚密迹。这些天神个个擎山持杵，布满在虚空之中。与会大众，仰观天上的情景，既畏惧又爱慕，怀着这两种心情，求佛哀怜护祐，一心专注于佛的无见顶相，听放光如来宣说神咒。

8 卷八（节选）

"阿难，如是众生一一类中亦各各具十二颠倒，犹如捏目乱华发生，颠倒妙圆真净明心，具足如斯虚妄乱想。汝今修证佛三摩提，于是本因，元所乱想，立三渐次，方得除灭。如净器中除去毒蜜，以诸汤水并杂灰香，洗涤其器，后贮甘露。

"云何名为三种渐次？一者修习除其助因；二者真修①刳其正性②；三者增进违其现业③。

"云何助因？阿难，如是世界十二类生，不能自全，依四食住，所谓段食④、触食⑤、思食⑥、识食⑦。是故佛说：一切众生皆依食住。阿难，一切众生，食甘故生，食毒故死。是诸众生求三摩提，当断世间五种辛菜⑧。是五种辛，熟食发淫，生啖增恚。如是世界食辛之人，纵能宣说十二部经⑨，十方天仙嫌其臭秽，咸皆远离；诸恶鬼等，因彼食次，舐其唇吻。常与鬼住，福德日销，长无利益。是食辛人修三摩地，菩萨、天仙、大方善神不来守护，大力魔王得其方便，现作佛身来为说法，非毁禁戒，赞淫怒痴。命终自为魔王眷属，受魔福尽，堕无间狱。

"阿难，修菩提者永断五辛，是则名为第一增进修行渐次。

"云何正性？阿难，如是众生入三摩地，要先严持清净戒律，永断淫心，不餐酒肉，以火净食，无啖生气。阿难，是修行人若不断淫及与杀生，出三界者，无有是处。

"当观淫欲犹如毒蛇，如见怨贼，先持声闻四弃八弃⑩，执身不动，后行菩萨清净律仪⑪，执心不起。禁戒成就，则于世间永无相生、相杀之业；偷劫不行，无相负累，亦于世间，不还宿债。是清净人，修三摩地，父母肉身，不须天眼⑫，自然观见十方世界，睹佛闻法，亲奉圣旨，得大神通，游十方界。宿命清净，得无艰险。是则名为第二增进修行渐次。

"云何现业？阿难，如是清净持禁戒人，心无贪淫，于外六尘，不多流逸。因不流逸，旋元自归。尘既不缘，根无所偶。反流全一，六用不行。十方国土，皎然清净。譬如琉璃，内悬明月，身心快然。妙圆平等，获大安隐，一切如来密圆净妙，皆现其中。是人即获无生法忍。从是渐修，随所发行，安立圣位。是则名为第三增进修行渐次。"

注释

①**真修**：指动静不生，舍弃一切欲念的修行。

②**正性**：指杀、盗、淫、妄这四种根本重罪，它们是诸恶的正性。

③**现业**：即六根所用。六根流逸于外尘即名现业，如眼见色、耳听声、鼻嗅味等。

④**段食**：指人世间的饮食，分段进餐，以维持生命。

⑤**触食**：指鬼神，以触气维持生命。

⑥**思食**：指诸禅天，没有饮食之事，唯以禅思维持生命。

⑦**识食**：指诸空天，此诸天只有识想，以识想为食持续生命。

⑧**五种辛菜**：指葱、蒜、韭、薤、兴渠。

⑨**十二部经**：指佛教的全部经典。在原始佛教时期，佛教把佛的不同形式和不同内容的说教分成十二大类，

称十二部经，即修多罗（契经）、祇夜（应颂）、伽陀（讽颂）、尼陀那（因缘）、伊帝目多（本事）、阇多伽（本生）、阿浮陀达磨（未曾有）、阿波陀那（譬喻）、优婆提舍（论义）、优陀那（自说）、毗佛略（方广）、和伽罗（授记）。

⑩**四弃八弃**：四弃即四重罪，杀、淫、盗、妄。比丘犯此四重罪，将被佛法所抛弃，"犹如死尸，大海不受，故名为弃"。八弃，即在四弃之上，比丘尼再加上摩触（与异性接触）、八事（握异性之手等）、覆藏犯戒比丘、随顺被举比丘等四罪。

⑪**菩萨清净律仪**：即大乘菩萨僧的戒律，又称曰三聚净戒。

⑫**天眼**：五眼之一，为天趣之眼。

译文

"阿难，如此这样的每一类众生（指上卷所讲卵生、胎生、湿生、化生等十二类众生）它们各各都具有十二种颠倒妄相。这就犹如用手捏目，眼前产生种种狂乱华相一样，妙圆真净明心被颠倒了，从而具足了如此这样的虚妄乱想。你如今修证佛三摩地，对于如上所述的本来具足的虚妄乱想，只有先立三渐次才能得到除灭。就如同一个原来干净的容器，后来盛了毒蜜，要除去毒蜜，必须先用热滚的水，同时加上灰及香料一起洗涤，才能洗净，然后贮存甘露。

"什么是三种渐次？一者是通过修行除其助恶的因缘；二是通过真修刳其恶业的正性；三者是在前二者的基础上进一步增进修行，彻底远离和弃舍根尘现业。

"什么是助恶的因缘？阿难，在我们眼前这样的世界中的十二类众生，都是不能自己保全自己的生命的，都是要依靠四种食而得以存在，这就是所谓的段食、触食、思食、识食。因此佛说：'一切众生都是依赖食而存在。'阿难，一切众生食甘美的食品而生存，食有毒的食品而死亡，正因为这样，众生在求三摩地时，应当断除世间五种辛菜。这五种辛菜，熟食生淫欲、生食增嗔恚。在这个世界中，食辛菜之人，纵然能够宣说十二部经，十方天仙因嫌其臭秽也都要远离他；各种恶鬼，因其人食用辛菜而来舐他的嘴唇，与其接吻。因此其人常常与鬼同住，福德一天天消解而永久得不到利益。这种食辛菜之人修三摩地，菩萨、天仙及十方善神都不来护佑，而大力魔王则乘此方便之机化作佛身，为其说法，诽谤禁戒，赞赏淫怒痴诸恶行。其命终之后，自然成为魔王的眷属，在其享尽魔福之后将堕入无间地狱之中。

"阿难，修菩提之人应永远断除五辛，这就是所说的第一个增进修行渐次。

　　"什么是刳其恶业的正性？阿难，入三摩地要首先严格执持清净戒律，永远断除淫心，不食酒肉。用火烧煮干净的食物，不食任何带生气的食品。阿难，如果修行之人，不断除淫欲，甚至杀人，要想出离三界是不可能的。

　　"如果此修行人，当他看到淫欲行为时就像看到了毒蛇，就像看到怨贼那样，因此首先当修持声闻四弃、八弃，使身不为任何外物所动；然后行菩萨清净律仪，使心不为任何外物所动。这样，他就成就了禁戒。一旦禁戒成就，则此世间就永远没有了因淫欲而相生，因杀生而相互残杀的业行；因为没有了偷盗行为，也就没有了相互负债的牵累，生在世间也就无须偿还宿债。这样的清净之人修三摩地，即以父母所生的身无须假借天眼就可以自然地观看到十方世界，亲自耳闻目睹佛法，并能亲奉佛的圣旨，得大神通，游历十方世界。此时，生死宿命清净，再也没有艰难恶道。这就是所说的第二增进修行渐次。

　　"什么是现业？阿难，如是这样清净持禁戒之人，因为心中没有贪淫之欲，因而不流念于外界六尘；因不流念于外尘，清净之心返观自身，从而不与尘境相缘。既然不与尘境相缘，六根也就没有了与之相应的六尘。清净之心返流归于一性，六根之用也就不存在了。这样，他们看到的十方国土皎然清净，就好像琉璃中悬着一轮明月，身和心都处在一种十分畅快的感觉之中。觉和所觉都不存在了，一切都是一样的圆妙周遍，从而获得最大的平静和安稳，一切如来的深藏不显、遍及一切的智慧和清净的不可思议之身都在其中显现。这时，此修行之人也就获得了无生法忍。由此再渐次修行，就会随着其修行的深浅而获得应该安立的圣位。这就是所说的第三增进修行渐次。"

9 卷九

"阿难，世间一切所修心人，不假禅那，无有智慧。但能执身不行淫欲。若行若坐，想念俱无。爱染不生，无留欲界。是人应念身为梵侣①。如是一类，名梵众天②。

"欲习既除，离欲心现。于诸律仪，爱乐随顺。是人应时，能行梵德③。如是一类，名梵辅天④。

"身心妙圆，威仪不缺。清净禁戒，加以明悟。是人应时能统梵众，为大梵王⑤。如是一类，名大梵天。

"阿难，此三胜流⑥，一切苦恼所不能逼。虽非正修真三摩地，清净心中，诸漏不动，名为初禅。

"阿难，其次梵天，统摄梵天，圆满梵行，澄心不动，寂湛生光。如是一类，名少光天⑦。

"光光相燃，照耀无尽。映十方界，遍成琉璃。如是一类，名无量光天⑧。

"吸持圆光，成就教体。发化清净，应用无尽。如是一类，名光音天⑨。

"阿难，此三胜流，一切忧悬⑩所不能逼。虽非正修真三摩地，清净心中，粗漏⑪已伏，名为二禅⑫。

"阿难，如是天人，圆光成音，披音露妙，发成精行⑬，通寂灭乐。如是一类，名少净天。

"净空现前，引发无际。身心轻安，成寂灭乐。如是一类，名无量净天。

"世界身心，一切圆净⑭，净德成就。胜托现前、归寂灭乐。如是一类，名遍净天。

"阿难，此三胜流，具大随顺⑮。身心安隐，得无量乐。虽非正得真三摩地，安隐心中欢喜毕具，名为三禅⑯。

"阿难，复次，天人不逼身心，苦因已尽。乐非常住，久必坏生。苦乐二心，俱时顿舍。粗重相灭，净福性生。如是一类，名福生天。

"舍心圆融⑰，胜解清净。福无遮中，得妙随顺，穷未来际⑱。如是一类，名福爱天。

"阿难，从是天中，有二歧路：

"若于先心无量净光，福德圆明，修证而住。如是一类，名广果天。

"若于先心，双厌苦乐。精研舍心⑲，相续不断，圆穷舍道。身心俱灭，心虑灰凝，经五百劫⑳。是人既以生灭为因，不能发明不生灭性。初半劫灭，后半劫生。如是一类名无想天。

"阿难，此四胜流，一切世间诸苦乐境所不能动。虽非无为真不动地，有所得心，功用纯熟名为四禅㉑。

注释

①**梵侣**：梵为梵文的音译，意译曰寂静、清净、离欲等。这里的梵指梵天，是指超脱物质世界的清净天国。梵侣即梵天之民。

②**梵众天**：天界分成许多等级，在色界有四禅天。初禅诸天分为三级，最下一级的天众称梵众天。

③**梵德**：梵天天众的德行，指断除淫欲的清净无欲的行为。

④**梵辅天**：色界初禅的第二天，此天人为侍卫天王的辅臣。

⑤**大梵王**：色界初禅的第三天，称大梵天，此天天王即大梵王，又称大梵天王，能统率天众。据说此天王称尸弃。

⑥**三胜流**：指色界三天远胜欲界诸趣。

⑦**少光天**：色界二禅中的第一天。

⑧**无量光天**：色界二禅中的第二天。无量，意为不可计量，比喻数量之大之多。

⑨**光音天**：色界二禅中的第三天。此天人口绝音声，以口中发光为语言。

⑩**忧悬**：指悬着的忧愁之心。

⑪**粗漏**：粗重的烦恼。

⑫**二禅**：色界四禅之二。此禅天的修行者已离初禅天中的忧悬之心，得喜乐受。

⑬**精行**：即清净之行。

⑭**圆净**：圆即圆满周遍。圆净，指寂静遍满一切。

⑮**大随顺**：信服而顺从即为随顺。此禅天信从净乐，并托此以为安身立命之处，故称大随顺。

⑯**三禅**：色界四禅之三。此禅天中，修行者已获安隐心，离二禅天的喜乐境地，得离喜妙乐。

⑰**圆融**：圆者，周遍；融者，融通，即融通无碍意。

⑱**未来际**：指比福爱天更上层的天界。

⑲**舍心**：指舍去苦乐之心。

⑳**五百劫**：劫，梵文音译劫簸之略，意译长时。佛教的这一概念源于印度的婆罗门教，是一个时间很长的时间概念。一小劫约相当于人的寿命由十岁开始每百年

增加一岁，增至八万四千岁，即八十三万九千九百九十年。再从八万四千岁每百年减一岁，一直减至十岁。此一增一减为一中劫。一大劫则包括成、住、坏、空四个时期，每个时期包括二十个中劫。此处所云五百劫指五百大劫。

㉑**四禅：**色界四禅之四。此禅定中修行者舍弃了三禅的妙乐而得到不苦不乐的感受。

译文

"阿难，人世间的一切修心之人，如果不进行禅定的修行，就得不到智慧。修行者一旦能掌握自己，断绝淫欲，无论在行进中，还是在静处中都万念俱无，从而不生爱欲，无意留居欲界。这样的人应称其身为梵众。如是一类名梵众天。

"一切欲望及其习气都除去了，离欲之心也就显现出来。于是，对诸项律仪就不再感到是一种束缚而欢喜顺从。这样的人当此之时能行梵德。如是一类名梵辅天。

"身心不被任何欲念缠绕而妙静圆通，严格依戒律生活而威仪堂堂，清净戒身使其慧解过人。这样的人当此之时能统治梵众而为大梵王。如是一类名大梵天。

"阿难，上述三种远胜欲界行为的修行，能离欲界一切苦恼，虽说不是正修真三摩地，然而清净的内心已使诸种欲界行业停止。这种境地名为初禅。

"阿难，其次，在梵天中，统治梵众，圆满梵行，则清净之心不动，不动则湛然发光。如是一类名少光天。

"此光增发，光光相燃而成无数光，照耀十方而无尽头，遍成一琉璃世界。如是一类名无量光天。

"吸取这无尽之光以成就音声。此音声宣示清净梵行，其梵行妙用无穷。如是一类名光音天。

"阿难，上述三种胜行，能解脱一切忧愁而得喜乐，虽然不是正修三摩地，但清净心中已降服了一切欲界烦恼。这种境地名为二禅。

"阿难，如此一类的天人，已吸取无量之光而成就音声之教。此音声之教显示妙理，此妙理引发成妙行，使喜乐之情消失而通向静寂的状态。如是一类名少净天。

"当此寂净的空相一旦成就，进而向无量无边扩展。此时身心内外安乐，使寂灭之乐成就。如是一类名无量净天。

"整个世界及身心无不处在净乐之中，净德由此成就。这样，整个身心就有了一个清净极乐的归宿。如是一类名遍净天。

"阿难，上述三种胜行，使身心获得自由而自在受用，虽然不是正修真三摩地，但安稳的心中具备了一切妙乐。此种境地名为三禅。

"阿难，再次，上述天人脱离了苦恼和忧愁，故没有了产生苦的根源。然而，妙乐并不是永存的，乐久了就要坏灭。当苦乐二心一起舍弃之时，世间一切苦和乐的境界就消灭了，随之，净福之性就产生了。如是一类名福生天。

"此舍苦乐之心与定心圆融为一体，产生清净的胜解之力，所得之福也因此无遮无障，永住心中，受用无穷。如是一类名福爱天。

"阿难，从福爱天中分成两条歧路：

"如果从初发心以来，从无量天、净光天径直修证福德，福爱更增。如是一类名广果天。

"如果于初心以来就厌弃苦乐而精研舍弃苦乐之心，持续不断地穷究舍弃之道，从而使身心皆灭，心思缘虑像寒灰凝然，由此定力加持，形体可经五百劫。是人既然一味执着于生灭之中，也就不能真正认识不生不灭之性，其前半劫中无想而入灭境，而后半劫中有心而知生。如是一类名无想天。

"阿难，此四种胜行，为一切世间诸种苦乐之境所不能动，虽然并不是真正的无为不动之境，但心舍苦乐，其功用亦属纯熟。这种境界名为四禅。

原典

"阿难，此中复有五不还天①。于下界中九品②习气，俱时灭尽。苦乐双忘，下无卜居。故于舍心众同分中，安立居处。

"阿难，苦乐两灭，斗心不交。如是一类，名无烦天。

"机括③独行，研交无地。如是一类，名无热天④。

"十方世界，妙见圆澄。更无尘象一切沉垢。如是一类，名善见天⑤。

"精见现前，陶铸无碍⑥。如是一类，名善现天⑦。

"究竟群几⑧，穷色性性⑨，入无边际。如是一类，名色究竟天。

"阿难，此不还天。彼诸四禅四位天王，独有钦闻，不能知见。如今世间旷野深山，圣道场地，皆阿罗汉所住持故，世间粗人所不能见。

"阿难，是十八天，独行无交，未尽形累。自此已还，名为色界。

"复次阿难，从是有顶色边际中，其间复有二种歧路：

"若于舍心发明智慧，慧光圆通，便出尘界，成阿罗汉，入菩萨乘。如是一类，名为回心⑩大阿罗汉。

"若在舍心，舍厌成就。觉身为碍，销碍入空。如是一类，名为空处。

"诸碍既销，无碍无灭。其中唯留阿赖耶识⑪，全于末那⑫，半分微细。如是一类，名为识处。

"空色既亡，识心都灭。十方寂然，迥无攸往。如是一类，名无所有处。

"识性不动，以灭穷研，于无尽中，发宣尽性。如存不存，若尽非尽。如是一类，名为非想非非想处⑬。

"此等穷空，不尽空理，从不还天圣道穷者。如是一类，名不回心钝阿罗汉。若从无想诸外道天，穷空不归，迷漏无闻，便入轮转。

"阿难，是诸天上各各天人，则是凡夫业果酬答，答尽入轮。彼之天王，即是菩萨，游三摩地，渐次增进，回向圣伦所修行路。

"阿难，是四空天，身心灭尽，定性现前，无业果色⑭。从此逮终，名无色界⑮。

"此皆不了妙觉明心，积妄发生。妄有三界，中间妄随七趣⑯沉溺，补特伽罗⑰，各从其类。

"复次阿难，是三界中，复有四种阿修罗⑱类。若于鬼道，以护法力，乘通入空。此阿修罗从卵而生，鬼趣所摄。若于天中，降德贬堕。其所卜居，邻于日月。此阿修罗，从胎而出，人趣所摄。有修罗王，执持世界，力洞无畏，能与梵王及天帝释四天争权。此阿修罗，因变化有，天趣所摄。阿难，别有一分下劣修罗，生大海心，沉水穴口；旦游虚空，暮归水宿。此阿修罗因湿气有，畜生趣摄。

"阿难，如是地狱、饿鬼、畜生、人及神仙、天洎修罗。精研七趣，皆是昏沉诸有为相。妄想受生，妄想随业。于妙圆明无作本心，皆如空华，元无所着。但一虚妄，更无根绪。

"阿难，此等众生，不识本心，受此轮回。经无量劫，不得真净，皆由随顺杀盗淫故。反此三种，又则出生无杀盗淫。有名鬼伦，无名天趣。有无相倾，起轮回性。

"若得妙发三摩提者，则妙常寂。有无二无，无二亦灭。尚无不杀、不偷、不淫，云何更随杀盗淫事？

"阿难，不断三业，各各有私。因各各私，众私同分，非无定处。自妄发生，生妄无因，无可寻究。汝勖修行，欲得菩提，要除三惑⑲。不尽三惑，纵得神通，皆是世间有为功用。习气不灭，落于魔道。虽欲除妄，倍加虚伪。如来说为可哀怜者。汝妄自造，非菩提咎。作是说者，名为正说，若他说者，即魔王说。"

注释

①**五不还天**：五不还天又称五净居。此天人已成就不复欲界受生的不还果，为离欲之净身。

②**下界中九品**：佛教把三界分为九地，即欲界、四禅及四无色，而每一地又分为九品烦恼，共八十一品。下界九品指欲界的九品烦恼，分有三品即下上品、下中品、下下品，每品又各有三品总有九品，而每品有贪、嗔、慢、无明等四种修惑。

③**机括**：机，箭上的发动机关，所谓"弩牙"。括，箭的末端，所谓"括而羽之"。

④**无热天**：五不还天之一，在色界四禅。轻微的烦恼曰热，此天离诸热恼，意地清凉。

⑤**善见天**：五不还天之二，此天定体清彻，善于鉴照。

⑥**陶铸无碍**：陶，烧瓦；铸，熔金。此表明清彻之见如同陶铸那样自在通达。

⑦**善现天**：五不还天之三，此天现善妙之果报。

⑧**群几**：一切极其微细的有形和无形之物。

⑨**穷色性性**：穷尽一切极微细的体性。

⑩**回心**：回转心而由邪入正。

⑪**阿赖耶识**：梵文音译，意译为藏识。佛教大乘唯识学把人的主观认识能力分为八识，即眼、耳、鼻、舌、身、意、末那、阿赖耶。阿赖耶为第八识，是前七识的总依据，是八识中占主导地位的，主心的作用，它的特点是"动而无为"。

⑫**末那**：梵文音译，八识中的第七识，其特点是不停顿地思虑，所谓"恒审思量"。它位于六识与阿赖耶之间，经过一定的修行可从"我执我相"转依为"审思量无我相"。它与阿赖耶一起为其他六识产生的根据。

⑬**非想非非想处**：无色界第四天，诸天最胜者。非想即非有想，非非想即非无想。

⑭**无业果色**：业果，即善恶业因所得的人天等六道果报。无业果色，即永绝业果。

⑮**无色界**：三界之一，此界无一可谓为色法的物质，只有识心居于深妙的禅定之中。

⑯**七趣**：佛教一般讲六趣，此处七趣指地狱、饿鬼、畜生、人、神仙、天、阿修罗。

⑰**补特伽罗**：与佛教中的"我"的概念同，但这个"我"不是我身，而是在诸趣中受生不息的"我"，故意译曰数取趣。它指的是在六趣中生死轮回的主体，类似于人的灵魂，因此认为它不是实有，是假设的有。

⑱**阿修罗**：六趣之一，梵文的音译，意译曰非天，

是古印度神话中的一种似天非天的凶神。

⑲**三惑**：惑，烦恼的总称，与无明等义相近，指不懂佛教的道理而迷惑于认识的对象，是业报轮回的本因。此处三惑即指杀、盗、淫。

译文

"阿难，在此中间还有五不还天。于欲界中九品思惑习气，已同时灭除，苦乐之境也双双忘却，从而摆脱了欲界，在具有弃舍一切苦乐之心的同一类大众中另安立居处。

"阿难，既然苦乐两种境界均已消亡，心中自然平静而无争斗。如是一类名无烦天。

"就像离弦的箭在空中独自飞行，没有任何固定的障碍与之相交。如是一类名无热天。

"在十方世界之中，天眼妙见遍满一切，更没有尘世间的一切沉灰污垢。如是一类名善见天。

"清澄圆妙之见既现眼前，就能陶冶熔化而随心显现。如是一类名善现天。

"穷尽一切细微之处，洞察一切微细色体，而入于无边无际之中。如是一类名色究竟天。

"阿难，此五种不还天，那些四禅四位中的天王只是听到它们的嘉名，而无法亲自体悟和依止其间。就如同人世间旷野深山中的圣道场地，世间凡夫也只是听说，而不能知见一样。

"阿难，如上十八天都是禅定善思所得，并没有情欲所对，并没有完全摆脱形色，自此以前，名为色界。

"阿难，其次，从这个毕竟有界限的色边界中，还有两种不同的路：

"如果于此舍心而产生智慧，其智慧之光圆满，顿断烦恼，出尘世而成大阿罗汉，入菩萨乘。如是一类名为回心大阿罗汉。

"如果修行者在此舍心之中已厌恶色尘，觉知自身已为障碍，故修智观，破色入空，如是一类名为空处。

"诸色相既已消亡，自在融通而为一体，空处亦无，其中只留下了阿赖耶识及末那识中观察识的那微细的一半。如是一类名为识处。

"色与空既然消亡了，识心也都停止了活动，十方世界一无所有，一片寂静，既没有来，也没有去。如是一类名无所有处。

"识心虽不活动，但识性犹存，只是深藏不动而已，不动则穷研之心不存。于此不动的识性之中，而想使识性发挥作用，这就像一件失去作用的物件，说它存在，实际上与不存在是一样的；说它消灭了，实际上还存在着。如是一类名非想非非想处。

"如是等通过心境的消亡而使心境俱空的修行，并没有穷尽空理，从不还天修习圣道而穷尽的这一类，名不回心钝阿罗汉。如果从无想天等诸外道天说，其一味只追逐空境而不是归心于圣道，执着于摆脱生灭的原因而孤陋寡闻，必然堕入生死轮回之中。

"阿难，上述诸天的各各天人，都是人间凡人所做种种行为的报应，是这种报应的结果所给他们确定的在六道中的地位。诸天天王即是菩萨，以修三摩地为目的，以便渐次增进，最后走向成佛之路。

"阿难，上述四空天，身心尽灭而显出禅定之结果。身心俱灭归依于空而永绝业果，从此而至终了，是名无色界。

"上述诸天还没有最后明了妙觉明心，都是积妄识而发生。妄识有三界，在此妄识中间，诸天不可避免地随着七趣在生死中轮转。诸天各有其身，即补特伽罗，各随所造的行业在同类中受生。

"其次，阿难，在这三界之中，还有四种阿修罗。如果前身在鬼道，因为发心护持佛法的原因，而在死后乘神通力而入空。这一类阿修罗为卵生，与鬼道相类。如果其前身为天道，因为其行业有损于在天之德而在死后遭贬，坠入下界，其所居之地，与日月为邻。这一类阿修罗为胎生，与人道相类。还有一类阿修罗王，能执掌世界，祸福人间，他的威力通彻诸天而无所畏惧，能与梵王及天帝释、四天战斗，争夺统治天下之权。阿难，另外还有一类低劣的阿修罗，他们生在大海中心，生活于沉水穴口；清晨遨游在太空之中，夜暮则归于水中栖宿。这一类阿修罗，借湿气而生，与畜生相类。

"阿难，这就是地狱、饿鬼、畜生、人及神仙，天以及阿修罗。精细地研究这七种众生不同的归宿，可以知道他们都是昏昧的造作之相，都是在妄想中生成，是妄想所造成的业果。对于妙圆明觉本心来说，他们如同虚空中的空花，本无所有。他们都是幻化之相，哪里有根绪可寻。

"阿难，如此这等众生，不识本心而受轮回之苦，在无量劫中不得了悟真净，都是由于顺从了杀、淫、盗这三种恶行而造成的。而与此相反又产生了不杀、不淫、不盗这三种善行。有三恶行则名鬼伦，无三恶行而称天道。鬼伦和天道互相倾夺，没有尽期，从而形成轮回之性。

"如果得三摩提妙定，则精妙真常之性寂静，生死和有无俱灭，从而超脱生死的涅槃亦灭。此时，不杀、不偷、不淫诸善行已经不存在了，更谈不上去进行杀、盗、淫等恶行。

"阿难，不断除三恶行，则众生就在各自造作三恶行业。而各众生所造作的三恶行业又大同小异。而这些大体相同的恶行所得到的业果是相同的，它们都是妄想所产生的虚幻的假相，毕竟没有自体，自然无法寻究。你在努力修行，想证得菩提正觉，就要断除三惑。三惑不能尽除，即使获得了神通之力，也都是世间有所造作的修行，三惑一类的习气不能尽灭，最终只能落入魔道。这种修行从主观愿望上是想除掉妄识，实际上是枉费功力而倍增虚伪。这种修行者就是如来所说的可哀怜之人。这种情况完全是咎由自取，并不是菩提之过。我的这些道理名为正说，如果有另外的说法就是魔王之说。"

原典

即时，如来将罢法座，于师子床，揽七宝①几，回紫金山，再来凭倚，普告大众及阿难言："汝等有学缘觉声闻，今日回心趣大菩提无上妙觉。吾今已说真修行法，汝犹未识，修奢摩他毗婆舍那微细魔事。魔境现前，汝不能识。洗心非正，落于邪见。或汝阴魔，或复天魔，或着鬼神，或遭魑魅。心中不明，认贼为子。又复于中得少为足。如第四禅无闻比丘②，妄言证圣，天报已毕，衰相现前，谤阿罗汉，身遭后有，堕阿鼻狱③。汝应谛听，吾今为汝仔细分别。"阿难起立，并其会中同有学者，欢喜顶礼，伏听慈诲。

佛告阿难及诸大众："汝等当知，有漏世界十二类生④，本觉妙明，觉圆心体，与十方佛无二无别。由汝妄想，迷理为咎，痴爱发生，生发遍迷，故有空性。化迷不息，有世界生。则此十方微尘国土，非无漏者，皆是迷顽妄想安立。当知虚空，生汝心内。犹如片云点太清里。况诸世界，在虚空耶！汝等一人发真归元，此十方空皆悉锁殒，云何空中所有国土而不振裂？

"汝辈修禅，饰三摩地，十方菩萨及诸无漏大阿罗汉，心精通吻，当处湛然。一切魔王及与鬼神，诸凡夫天，见其宫殿，无故崩裂，大地振坼，水陆飞腾，无不惊慑，凡夫昏暗，不觉迁讹。彼等咸得五种神通⑤，唯除漏尽，恋此尘劳，如何令汝摧裂其处？是故鬼神及诸天魔魍魉妖精，于三昧时，佥来恼汝。然彼诸魔虽有大怒，彼尘劳内，汝妙觉中，如风吹光，如刀断水，了不相触。汝如沸汤，彼如坚冰，暖气渐邻，不日消殒。徒恃神力，但为其客。

"成就破乱，由汝心中五阴主人。主人若迷，客得其便。当处禅那，觉悟无惑，则彼魔事无奈汝何。阴消入明，则彼群邪咸受幽气。明能破暗，近自消殒，如何敢留，扰乱禅定？若不明悟，被阴所迷，则汝阿难必为魔子，成就魔人。如摩登伽，殊为眇劣，彼唯咒汝，破佛律仪。八万行中，只毁一戒，心清净故，尚未沦溺。此乃隳汝宝觉全身，如宰臣家，忽逢籍没，宛转零落，无可哀救。

注释

①**七宝**：一般指金、银、琉璃、砗磲、玛瑙、真珠、玫瑰。有的以琥珀、珊瑚替代真珠、玫瑰。

②**无闻比丘**：指虽然修行禅定，但不闻正法，稍得功用就以为证得圣果的一类比丘。

③**阿鼻狱**：地狱的一种。地狱是六趣之一，是众生恶业所得到的报应之一。地狱是地下牢狱，佛教关于地狱的描写很多，有八大地狱、十八层地狱等。阿鼻，梵文音译，意译曰无间，即受苦无间断之意，是八大地狱之一。

④**十二类生**：与十异生类同。

⑤**五种神通**：又称五神变。不可思议者为神，自在为通。五神通为：天眼通，能照见一切事物；天耳通，能听到一切声音；他心通，能知一切他人之心；宿命通，能知自己未来的命运；如意通，有飞行变化之神通。

译文

　　此时，如来将要结束法座，于是在狮子座上，手抓着七宝几，回转如紫金山一般的丈六金身，然后又回过头来，背靠着几上对大众及阿难说："你们这些有待修学的声闻、缘觉二众，今天已心向大菩提无上妙觉。我现在已演说了真正的修行方法，你们仍然不能认识，还修奢摩他、毗婆舍那一类微末细小的魔事。而邪魔境界已经显现在眼前，你们还是不能认识，因此不能改邪归正而落入邪见的地步。或者像你一样还处在初心阶段，而仍然纠缠在色阴之中；或者上升而成天魔；或者执着于鬼神之道；或者遭到魑魅的下场。只因心中不明而误认魔道为圣道，这就是认贼为子。另外，在这些修行之中还有以少为满足者，如第四禅无想天中的无闻比丘。他们不识诸禅依然处在三界的地位，妄言已证得圣道，以为已离三界，而不再进修，显出疲衰之相，进而诽谤阿罗汉。这些修行者，其来生必堕阿鼻地狱。你认真地听着，我现在为你仔细地讲说其中的道理。"阿难从座位上起立，与法会中的诸学子一起，高兴地向佛礼拜，倾听佛慈父般的教诲。

　　佛对阿难及诸大众说："你们应当知道，在充满烦恼的世界中一切有生死的十二类众生，本是觉妙明觉圆心之体，与十方诸佛没有区别。只是由于你们愚昧的妄想而迷失了真常之理，使痴爱发生，产生妄识，所以有空性生起。这种妄识不息灭，就幻生出今日之世界，那么此十方微尘国土就不再是没有烦恼的佛国净土，而是迷顽妄想所生。应当知道，虚空是产生在你的心中，就如同一片云彩飘在太空之中，很快就要消失，而处在虚空之中的十方世界何以不是如此呢？你们之中如果有一人破除妄识而归于妙觉本心，则此十方虚空就将化为乌有，为什么虚空中所有的国土而不因此受到震裂呢？

"你们修习禅行，护持三摩地，必然与十方菩萨及诸已断除烦恼的大阿罗汉的圣心融为一体，湛然相通而没有区别。一切魔王以及鬼神，一切凡夫天，当见到他们的宫殿无故崩裂，见到大地震动，水陆飞腾，没有不惊奇而恐惧的，唯下界凡夫昏昧无智，不知道这是修行之人证得圣心的结果，还以为是大地中阴阳失调而出现的变迁。而那些已经得到五种神通，除了那些达到尽除烦恼的圣者以外，鬼神以及诸天魔、魍魉、妖精等则留恋在尘界中已获得的权力和住所，怎么可能让你们来摧毁他们的住处呢？因此就必然要千方百计地破坏你们的修行，在你们修行三昧之时一起前来进行扰乱。然而，诸魔纵有神通，且大发雷霆，但他们毕竟处在尘世，比起处在湛然妙觉中的你们则渺小得很。他们的扰乱就如同风吹阳光，用刀断水一样，对你们的定心毫无损伤。你们就如同煮沸的热水，而他们则像坚固的冰块，热气一旦接近，用不了多久就将融化得一无所剩。诸魔徒有神力，只不过是客人而已，不会久长。

"然而，诸魔的破坏能否得手，则完全在于你等心中尚处在五阴中的主人。主人如果仍然迷于妄识，不能自守，客人就有可乘之机。如果主人正处在禅定之中，对诸魔的用心了如指掌，那么诸魔的魔事对你就奈何不得。当遮蔽光明的五阴消失了，就将获得光明。而那些群魔都是受幽暗之气而存活，明能破暗，他们一旦接近你就要自行消殒，如何敢停留下来扰乱你的禅定？如果不明了这些道理，被五阴所迷，那么你这个阿难就必为魔子，而最终堕为魔人。如摩登伽，她异常渺小卑劣，她只是用咒语要让你破佛戒律，这在佛的八万行中只是毁一戒行，你因心境清净而没有沦入魔境。而此诸魔是要坏你宝贵的清净戒体，使你入无间地狱，就如同宰相家，忽然被抄家，籍没财产，从而一败涂地，虽然怀同情之心而无法挽救。

原典

"阿难当知，汝坐道场，销落诸念。其念若尽，则诸离念一切精明，动静不移，忆忘如一，当住此处入三摩地。如明目人，处大幽暗，精性妙净，心未发光，此则名为色阴区宇。若目明朗，十方洞开，无复幽黯，名色阴尽。是人则能超越劫浊①，观其所由，坚固妄想，以为其本。

"阿难，当在此中，精研妙明，四大②不织。少选之间，身能出碍。此名精明流溢前境。斯但功用，暂得如是，非为圣证。不作圣心，名善境界。若作圣解，即受群邪。

"阿难，复以此心精研妙明，其身内彻。是人忽然于其身内，拾出蛲蛔，身相宛然，亦无伤毁。此名精明，流溢形体。斯但精行，暂得如是，非为圣证。不作圣心，名善境界。若作圣解，即受群邪。

"又以此心，内外精研，其时魂魄意志精神，除执受耳，余皆涉入，互为宾主。忽于空中闻说法声，或闻十方，同敷密义。此名精魄递相离合，成就善种。暂得如是，非为圣证。不作圣心，名善境界。若作圣解，即受群邪。

"又以此心澄露皎彻，内光发明，十方遍作阎浮檀色，一切种类，化为如来。于时忽见毗卢遮那③，踞天光台④，千佛围绕。百亿国土，及与莲华，俱时出现。此名心魂灵悟所染。心光研明，照诸世界。暂得如是，非为圣证。不作圣心，名善境界。若作圣解，即受群邪。

"又以此心精研妙明，观察不停，抑按降伏，制止超越。于时忽然十方虚空成七宝色，或百宝色，同时遍满，不相留碍，青黄赤白，各各纯现。此名抑按功力逾分。暂得如是，非为圣证。不作圣心，名善境界。若作圣解，即受群邪。

"又以此心研究澄彻，精光不乱。忽于夜半在暗室内，见种种物，不殊白昼，而暗室物，亦不除灭。此名心细密澄其见，所视洞幽。暂得如是，非为圣证。不作圣心，名善境界。若作圣解，即受群邪。

"又以此心圆入虚融，四肢忽然同于草木，火烧刀斫，曾无所觉。又则火光不能烧爇，纵割其肉，犹如削木。此名尘并，排四大性，一向入纯。暂得如是，非为圣证。不作圣心，名善境界。若作圣解，即受群邪。

"又以此心成就清净，净心功极，忽见大地十方山河，皆成佛国。俱足七宝，光明遍满。又见恒沙诸佛如来，遍满空界，楼殿华丽。下见地狱，上观天宫，得无障碍。此名欣厌凝想日深，想久化成，非为圣证，不作圣心，名善境界。若作圣解，即受群邪。

"又以此心研究深远。忽于中夜，遥见远方市井街巷亲族眷属；或闻其语。此名迫心，逼极飞出，故多隔见。非为圣证，不作圣心，名善境界。若作圣解，即受群邪。

"又以此心研究精极。见善知识形体变移，少选无端，种种迁改。此名邪心含受魑魅，或遭天魔入其心腹。无端说法，通达妙义。非为圣证，不作圣心，魔事消歇。若作圣解，即受群邪。

"阿难，如是十种禅那现境，皆是色阴用心交互，故现斯事。众生顽迷，不自忖量。逢此因缘，迷不自识，谓言登圣。大妄语⑤成，堕无间狱。汝等当依如来灭后，于末法中宣示斯义，无令天魔得其方便。保持覆护，成无上道。

注释

①**劫浊**：劫，是佛教的一种时间概念，已注。所谓劫浊，指人的寿命在两万岁之后，开始有种种浑浊不净之法产生，共五种，即：劫浊，为五浊之总相；见浊，即各种见所产生的邪妄情识；烦恼浊，指贪嗔痴等根本烦恼；众生浊，指见浊、烦恼浊所带来的果报，众生在世间所受种种苦报；命浊，是见浊、烦恼浊的果报，寿命渐渐减少。

②**四大**：即地、水、火、风。按照佛教的说法四大为世界万物组成的要素。地大，支持万物；水大，收摄万物；火大，调热万物；风大，生长万物。

③**毗卢遮那**：三身佛中法身佛的通称。三身佛，即：毗卢遮那，法身佛名，译作遍一切处，是佛法的人格化，也指众生本自具有的成佛的本性，即佛性；卢舍那为报身佛名，译作净满，意为诸恶都尽，即以法身为因经过修行而获得的佛果之身；释迦牟尼佛为应身佛，指为了度化众生而显化于人间的生身。

④**天光台**：毗卢遮那的宝座。《梵网经》云："尔时，莲华台藏世界，赫赫天光狮子座上。"

⑤**大妄语**：不实之言。大妄语者，不得圣道，言我得圣道者；小妄语，即其他不实之语。

译文

"阿难，你应当知道，你端坐于道场之中，一心一意为消除各种思念。这些思念如果消除，则离念之后的你就不会被一切暗昧所迷惑，外界的一切干扰都不会动摇你，你就会动静不移，无论在正念中或失念中都是如如不动。当你处在这种境况时，你就进入了三摩地。就如同眼睛明亮之人处在一片黑暗之中，这时的精性妙净的离念之体，因心光未发而被称作色阴区域。如果眼睛明亮，十方世界一时现在眼前，再没有幽暗之相，此名色阴尽。这样的修行人则能超越劫浊恶世，看到色阴的由来，是由于坚持妄想并认为它们就是心的住处。

"阿难，你应当在此三摩地中深密地研究妙明元体，就会发现四大不相交织，转眼之间你的身体就能越过各种障碍，犹在虚空之中。此名精明流溢前境（清虚之身因无形质所碍而流溢至眼前）。然而，此种禅定功用是暂时所得，不是证得圣果，也不能看作是觉知了妙明见心，名善境界。如果以为这就是获得了圣解，群魔就会乘虚而入。

"阿难，当你在此定中，进一步精研妙明元体之时，其心光通照体内脏腑，忽然于其身内亲见蛲虫、蛔虫并将其拾出，而身体形相不受任何损伤，此名精明流溢形体。然而，此种禅定精行也是暂时所得，并不是证得圣果，也不能看作是获得了妙明见心，名善境界。如果以为这就是真正获得了圣解，群魔们必将乘虚而入。

"又以此定心，对内对外同时进行精细的研究，你就会观察到，魂魄、意志、精神这些五内主神，除其身形安然没有变化外，其余皆相互涉入，互为宾主。当此之时，忽然于空中听到佛说法音，或者听到来自十方对佛法密义的论说。此名精魄递相离合，由此成就善种。此禅定功用亦暂时所得，不是证得圣果，也不能看作是获得了妙明见心，名善境界。如果以为这就是获得了圣解，群魔必将乘虚而入。

"又此种定心清澄显露，皎洁洞彻，当内光发明，整个十方世界遍成阎浮檀（金）色，一切有情种类尽皆化为如来。当此之时，忽见毗卢遮那佛（法身佛）坐在天光台上，四周千佛围绕，百亿国土以及莲华一齐出现，此名心魂灵悟所染。心光通明，照耀着一切世界。此禅定功用亦暂时所得，不是证得圣果，也不能看作是获得了妙明见心，此名善境界。如果以为这就是获得了圣解，群魔就会乘虚而入。

　　"又以此定心，精研妙明元体，观察无丝毫间断，上下都被降服，以忍和定超越此种定境。这时，忽然十方虚空变成七宝色或百宝色，并且充满其间而互不相碍，青黄红白各种颜色也个个纯正无杂。此名抑按功力逾分。此禅定功用亦暂时所得，不是证得圣果，也不能看作是获得了妙见明心，名善境界。如果以为这就是圣解，群魔就将乘虚而入。

　　"又以此定心研究妙明元体，其心光清澄而洞澈，不为任何明暗境界所扰乱。忽然，在夜半更深之时，在暗室中看各种各样的东西与白昼无异，而室中原有之物亦按照原来的样子存放在那里。此名心细，观见清澈，能洞察一切幽暗。此禅定功用亦暂时所得，不是证得圣果，也不能看作是获得了妙明见心，名善境界。如果以为这就是圣解，群魔就会乘虚而入。

"又以此定心遍入虚无之境，四肢忽然如同草木，火烧刀斫都没有感觉；而且火光也烧不着他，就是刀割其肉，也如同削根木头，此名四大五尘一并消失而使念想归于统一。此禅定功用亦暂时所得，不是证得圣果，也不能看作是获得了妙明见心，名善境界。如果以为这就是圣解，群魔就会乘虚而入。

　　"又以此定心成就清净，其净心达到极限之时，忽然见到大地以及十方山河皆成佛国，在这些佛国之中七宝严饰，充满光明；又见到如恒河沙那样多的诸佛如来遍满一切国土，楼阁奇伟，殿堂华丽。此时能下见地狱，上观天宫，而无任何障碍。此名欣厌之想日深，久想而成。这不是证得圣果，也不能看作是获得了妙明见心，名善境界。如果以为这就是圣解，必为群魔乘虚而入。

　　"又以此定心研究深远境界，当达到一定程度，忽然于夜半之时，眺望到远方的市井街巷，亲族眷属；或者听到他们的对话。此名定心逼迫之极使心光飞出，因而可以不离住处看到远方的东西。这不是证得圣果，也不能看作是获得了妙明见心，名善境界。如果以为这就是圣解，必为群魔乘虚而入。

　　"又以此定心研究至精至细境界，但见善知识的形体在不断地变化移动，不久就见不到固定的形状而表现为种种不同的变化形貌。这是修行之人邪心未尽而使魑魅乘便侵入；或是天魔侵入心腹，魔力执持其心神的缘故。当此之时，此修行人无端说法，以为是通晓了妙义。这不是证得圣果，也不能看作是获得了妙明见心。有这样的认识，魔事将自行消歇。如果以为这就是圣解，必为群魔乘虚而入。

"阿难，如上十种禅定所显现的境界，都不过是色阴与禅观在相互交战中禅观暂时胜妄想所得。而众生迷顽，不知这是功力未久，当逢此定力所现情景，迷不自识，还以为这就是证得了圣道。此大妄语一成，就将堕入无间地狱。你们应当在如来灭度之后，于末法中，宣说此中道理，不能让天魔乘机得手。要严护其身，最终成就无上道果。

原典

"阿难，彼善男子，修三摩提奢摩他中，色阴尽者，见诸佛心，如明镜中显现其像。若有所得，而未能用。犹如魇人①，手足宛然，见闻不惑，心触客邪而不能动。此则名为受阴区宇。若魔咎歇，其心离身，反观其面。去往自由，无复留碍，名受阴尽。是人则能超越见浊。观其所由，虚明妄想以为其本。

"阿难，彼善男子，当在此中得大光耀，其心发明，内抑过分，忽于其处，发无穷悲。如是乃至观见蚊虻，犹如赤子。心生怜悯，不觉流泪。此名功用抑摧过越。悟则无咎，非为圣证。觉子不迷，久自消歇。若作圣解，则有悲魔入其心腑。见人则悲，啼泣无限。失于正受，当从沦坠。

"阿难，又彼定中诸善男子，见色阴消，受阴明白。胜相现前，感激过分。忽于其中生无限勇。其心猛利，志齐诸佛，谓三僧祇^②一念能越。此名功用陵率过越。悟则无咎，非为圣证。觉了不迷，久自消歇。若作圣解，则有狂魔入其心腑。见人则夸，我慢无比。其心乃至上不见佛，下不见人。失于正受，当从沦坠。

"又，彼定中诸善男子，见色阴消，受阴明白。前无新证，归失故居。智力衰微，入中隳地，迥无所见。心中忽然失大枯渴，于一切时沈忆不散，将此以为勤精进相。此名修心无慧自失。悟则无咎，非为圣证。若作圣解，则有忆魔入其心腑。旦夕撮心，悬在一处。失于正受，当从沦坠。

"又，彼定中诸善男子，见色阴消，受阴明白。慧力过定，失于猛利，以诸胜性怀于心中。自心已疑是卢舍那，得少为足。此名用心亡失恒审，溺于知见。悟则无咎，非为圣证。若作圣解，则有下劣易知足魔入其心腑。见人自言：我得无上第一义谛。失于正受，当从沦坠。

"又，彼定中诸善男子，见色阴消，受阴明白。新证未获，故心已亡。历览二际，自生艰险。于心忽然生无尽忧，如座铁床，如饮毒药。心不欲活，常求于人令害其命，早取解脱。此名修行失于方便。悟则无咎，非为圣证。若作圣解，则有一分常忧愁魔入其心腑，手执刀剑，自割其肉，欣其舍寿；或常忧愁，走入山林，不耐见人。失于正受，当从沦坠。

"又，彼定中诸善男子，见色阴消，受阴明白。处清净中，心安隐后，忽然自有无限喜生。心中欢悦，不能自止。此名轻安无慧自禁。悟则无咎，非为圣证。若作圣解，则有一分好喜乐魔入其心腑。见人则笑，于衢路傍，自歌自舞。自谓已得无碍解脱。失于正受，当从沦坠。

"又，彼定中诸善男子，见色阴消，受阴明白。自谓已足。忽有无端大我慢起，如是乃至慢与过慢，及慢过慢，或增上慢，或卑劣慢，一时俱发。心中尚轻十方如来，何况下位声闻缘觉。此名见胜无慧自救。悟则无咎，非为圣证。若作圣解，则有一分大我慢③，魔入其心腑。不礼塔庙，摧毁经像。谓檀越言：此是金铜，或是土木；经是树叶，或是氎华；肉身真常，不自恭敬，却崇土木，实为颠倒。其深信者，从其毁碎，埋弃地中。疑误众生，入无间狱。失于正受，当从沦坠。

"又，彼定中诸善男子，见色阴消，受阴明白。于精明中，圆悟精理，得大随顺。其心忽生无量轻安，已言成圣，得大自在。此名因慧获诸轻清。悟则无咎，非为圣证。若作圣解，则有一分好轻清魔入其心腑，自谓满足，更不求进。此等多作无闻比丘，疑误众生，堕阿鼻狱，失于正受，当从沦坠。

　　"又，彼定中诸善男子，见色阴消，受阴明白。于明悟中，得虚明性。其中忽然归向永灭，拨无因果，一向入空。空心现前，乃至心生长断灭解。悟则无咎，非为圣证。若作圣解，则有空魔入其心腑，乃谤持戒，名为小乘④；菩萨悟空，有何持犯？其人常于信心檀越，饮酒啖肉，广行淫秽。因魔力故，摄其前人，不生疑谤。鬼心久入，或食屎尿与酒肉等，一种俱空。破佛律仪，误入人罪，失之正受，当从沦坠。

　　"又，彼定中诸善男子，见色阴消，受阴明白，味其虚明，深入心骨。其心忽有无限爱生，爱极发狂，便为贪欲。此名定境安顺入心，无慧自持，误入诸欲。悟则无咎，非为圣证。若作圣解，则有欲魔入其心腑。一向说欲为菩提道；化诸白衣⑤，平等行欲；其行淫者，名持法子。神鬼力故，于末世⑥中摄其凡愚，其数至百，如是乃至一百、二百，或五六百，多满千万。魔心生厌，离其身体。威德既无，陷于王难。疑误众生，入无间狱。

失于正受，当从沦坠。

"阿难，如是十种禅那现境，皆是受阴用心交互，故现斯事。众生顽迷，不自忖量。逢此因缘，迷不自识，谓言登圣。大妄语成，堕无间狱。汝等亦当将如来语，于我灭后，传示末法。遍令众生开悟斯义，无令天魔得其方便。保持覆护，成无上道。

注释

①魇人：魇，音奄，梦中遇可怕事而呻吟惊叫。《说文解字》云："梦惊也。"

②三僧祇：即三阿僧祇劫，是菩萨成佛修行所需的时间。具体说菩萨修行有五十位：十信、十住、十行、十回向共四十位，为第一阿僧祇劫；十地中的初地至第七地为第二阿僧祇劫；第八地至第十地为第三阿僧祇劫。

③慢：佛教名词，恃己而凌他曰慢，即傲慢自负之意。有七种慢和九种慢之说。七慢中的第四慢称我慢，即把自己看得很高，如果把自己认为与诸圣相等，称大我慢。过慢，在同等的情况下，以我为高者；在高于自己的情况下，要与之相等。慢过慢，在高于自己的情况下，认为自己比之还要高明。增上慢，没有证得圣果而自谓证得圣果。卑劣慢，在显然为智德者前，不敬不求，

自甘卑劣者。

④**小乘**：大乘佛教成立后，对它以前的佛教贬称作小乘。小乘佛教一般指原始佛教和部派佛教，但小乘佛教亦与大乘佛教同时流行，即今称上座部佛教者。佛教又有三乘之说，即声闻乘、缘觉乘、菩萨乘。声闻、缘觉二乘为小乘；菩萨乘为大乘。

⑤**白衣**：在家人之别称。古代印度，婆罗门或在家人多服鲜白之衣。

⑥**末世**：即末法。佛教认为，释迦牟尼佛入灭之后，佛教日益衰落，根据这一思想把佛教的发展分为三个时期，即正法、像法和末法。就三时之修行证果而论，正法时，持戒即能成就，称为戒成就；像法时，修禅即能成就，称为禅成就；末法时，唯依净土念佛法门方能成就，称为净成就。至于三时之时限，诸经论说法各异。

译文

"阿难，那些善男子在修行三摩提和奢摩他中，使色阴消尽之后就能见到诸佛之心，这就好像在明亮的镜子中见到自己一样。如果在禅定中有所得而未能应用自在，那就犹如睡中发生梦魇的人，手足都没有毛病，醒来后看见的东西也清清楚楚，只是心受到外邪的制约而不能动。此则名为受阴区域。如果梦魇过去了，其心不再受外邪制约而离开身体，能够反观自身面孔并且来去自由，不再为色身所障，此名受阴尽。这样的人则能超越见浊，而亲见受阴产生的根缘，即本觉之心本不在身中，受阴不过是感觉中虚幻的妄想。

"阿难，那些善男子，在此色阴已开而受阴未破的禅定之中，得大光明，其心开悟。然而又过分地责备自己不能早悟。当此之时，忽然于其心中生起无穷尽的忧悲之心，以致在看见蚊虫的时候，犹如看到初生的婴儿，心生怜慰，不觉流下泪来。这种禅定功用是由于大悟之后，自责太过而造成的。如果悟知此悲心产生的原因，知其并不是证得圣果，并不为过。如果悟知之后不再受其迷惑，久而久之则自行消歇。如果以此作为圣解，那么一种悲魔就会侵入心腑之中，那时，此善男子见人就起悲心而啼哭不止，必然得不到正受而最终坠落于轮回之中。

"阿难，在此禅定之中，那些善男子当看到色阴消失，受阴显露而殊胜境界就在眼前的时候，由于过分的激动，忽然在心中生出无限的勇气，并自认为这种勇猛心力，可与诸佛相等，还说三阿僧祇劫一念之间就能超越。这种禅定功用是轻慢佛的神力而过分越礼所造成的。悟知此念产生的原因，并不为过。这不是证得圣果。如果在觉知之后不再受其迷惑，久而久之则自行消歇。如果以此作为圣解，那么一种狂魔就会侵入心腑之中。那时，此善男子就会见人而自夸，傲慢无比，以致其心上不见佛，下不见人，必然得不到正受而最终坠落于轮回之中。

"又，在此禅定之中，那些善男子们，见色阴消失，受阴显露，以为前面已经没有圣道可证；再要回头归去，又失去了故居。当此之时，智力已经衰微，处在途中之地，迷茫而无所依傍，不知所措。忽然在心中生出大枯竭之想，并在一切时候都深深地思念着它，不使其散失，以为这就是勤于精进之相。这就叫作修心缺少智慧而自失机会。悟知此中原因并不为过，这不是证得圣果。如果以此作为圣解，就将有一种忆魔侵入心腑之中。那时，此善男子从早到晚都悬着心，必然得不到正受而最终坠落于轮回之中。

"又，在此禅定之中，那些善男子们见色阴消失，受阴显露，以为自己的智慧已超过了禅定的功力，其过失在于修行得太猛烈了。因此认为诸殊胜之性已在自己心中，已怀疑自己就是卢舍那佛，不再求慧心增进，而以获得少量定功为满足。这是失去了正确的审视能力，而没有自知之明，是过分看重自己的知见所造成的。如果能悟知此中道理并不为过。这不是证得圣果。如果以此作为圣解，就将有低劣的容易知足的魔想侵入心腑之中，从而十分癫狂，见人就说：我已获得无上第一义谛。这必然得不到正受而坠落于轮回之中。

"又，在此禅定之中，那些善男子们，见色阴消失，受阴显露，而自己未能证悟新的道理；而在此之前的定心也已经丧失。此时，他们遍观色阴和受阴二际，感到证悟之路十分艰险，心中忽然生起无尽的忧虑，就如同坐在铁床之上，又如同饮用了毒药，不想活在人间，常请别人害他性命，以求早日得到解脱。这是修行之人过分拘谨，而不知佛法广阔，有种种方便法门所致。如果能悟知此中道理，并不为过。这不是证得圣果。如果以此作为圣解，就会有一种常忧愁魔侵入其心腑之中，在此魔的作祟之下，此修行人或者手执刀剑，自割其肉，对舍去寿命感到欢欣；或者终日忧愁，走入山林，不愿与任何人接触。这种情况必然得不到正受而坠落于轮回之中。

"又，在此禅定之中，那些善男子们，见色阴消失，受阴显露而处在清净境中。此时，自觉心境已经安隐，必然不知从何处生出无限之喜，心中欢悦不能自止。这是初证妙乐，因无观照之智，故不能自禁所致。能悟此中道理并不为过。这不是证得圣果。如果以此作为圣解，就会有一种好喜乐魔侵入其心腑之中，见人就笑，于大街路旁，自歌自舞，并自言自语，说自己已得了无碍解脱。这必然失去正受而坠落于轮回之中。

"又，在此禅定之中，那些善男子们，见色阴消失，受阴显露，自谓已经满足。此时，忽然无故生起大我慢心，乃至慢、过慢、增上慢以及卑劣慢等同时生起。心中对十方如来尚且轻慢，更何况对处于下位的声闻缘觉。这是见殊胜之相，因无观照之智不能自救所致，能悟此中道理并不为过。这不是证得圣果，如果以此作为圣解，就会有一种大我慢魔侵入其心腑之中，从而不礼敬塔庙，摧毁经像，并对诸檀越说：这些佛像是金铜，或者土木；这些佛经是树叶，或是氍华（棉布）；自己的肉身才是真常佛身，不去恭敬自身，而去崇拜土木，这实在是颠倒的行为。檀越中深信其语者，与其一起毁坏经像并埋入地下。那些处在疑虑之中或相信其言而误入歧途的众生必将坠入阿鼻地狱；而此善男子也必然失去正受，最终坠落于轮回之中。

"又，在此禅定之中，那些善男子们，见色阴消失，受阴显露，而于精明的见性之中，彻悟到至精至纯之理，从而得到随心所欲不复有任何障碍的大随顺。此时，其心中忽然生出无量的轻松且安然之想，自言已经成圣，获得解脱，得到了大自在。这是由于智慧之心而获得的一种远离重浊的清爽境界。如果悟知此中道理并不为过。

这不是证得圣果。如果以此作为圣解，就将有一种好轻清魔侵入其心腑之中，从而自谓满足，不再求上进。此类善男子多为无闻比丘。那些处在疑虑之中，或相信其言而误入歧途的众生必将坠入阿鼻地狱；而此类善男子也必然失去正受，最终坠落于轮回之中。

"又，在此禅定之中，那些善男子们，见色阴消失，受阴显露，于豁然明朗的境界中，悟知寂然性空之理，并于其中忽然感到心已归向永灭之境。世间无因无果，皆归于空。空心既已现前，即便是心有所生，也皆是增长断灭之解。悟知此中道理并不为过，这不是证得圣果。如果以此作为圣解，就将有空魔侵入其心腑之中，由此缘故而诽谤持戒为小乘，认为菩萨就是悟空，没有什么要遵守的戒条。因此，此人在虔诚的檀越面前，饮酒吃肉，广行淫秽之事。此人因有魔力，诸檀越因被魔力所威摄，对其倒行逆施没有产生疑谤。此人由于鬼心久入其身，而把食屎尿与食酒肉看作一回事，认为都是一种空相。此人破佛律仪，还引导众生误做罪孽之事，必然失去正受，最终坠落于轮回之中。

"又，在此禅定之中，那些善男子见色阴消失，受阴显露，在体味空明寂然之境时，逐渐深入心骨，其心忽然有无限的爱念产生，爱念至极而发狂，便成贪欲。这是禅定之境安顺并深入心间，因缺少智慧，不能自持而误入贪欲之中。悟知此中道理就不为过，这不是证得圣果。如果以此作为圣解，就将有欲魔侵入其心腑之中。由此缘故，此人一向都说，追求欲行就是菩提之道；要化作世间俗人，与其平等行欲；把行淫欲之人称作持法子。由于鬼神之力的护持，在末法之世，被其摄受的凡夫愚类，其数初则百计，以后从一百至二百，或五六百，多则满千万。此后，此人因魔心生厌而渐离其身。魔既离身，威德也就不复存在，从而陷入大难。那些信其言而误入邪道的众生入无间地狱；而此人也必然失去正受，最终坠落于轮回之中。

"阿难，如上所举十种禅定所显示的景象，都是受阴和定心交互作用时，受阴所表现的种种邪悟。众生迷顽，不自思量，遇到此类因缘，迷不自识，还说自己证得了圣果。此大妄语一成，即堕落无间地狱。你们应当将我的话，在我去世之后，传示于末法时期，让一切众生都能悟知此中道理，使天魔没有机会施展魔力，庇护修行禅定的人，不受诸魔侵扰，最终成就无上道。

原典

"阿难，彼善男子修三摩地受阴尽者，虽未漏尽，心离其形，如鸟出笼，已能成就从是凡身，上历菩萨六十圣位①，得意生身②，随往无碍。譬如有人熟寐呓言，是人虽则无别所知，其言已成音韵伦次，令不寐者咸悟其语。此则名为想阴区宇。若动念尽，浮想消除。于觉明心，如去尘垢。一伦生死，首尾圆照，名想阴尽。是人则能超烦恼浊，观其所由，融通妄想以为其本。

"阿难，彼善男子受阴虚妙，不遭邪虑，圆定发明。三摩地中，心爱圆明，锐其精思，贪求善巧。尔时，天魔候得其便，飞精附人，口说经法。其人不觉是其魔着，自言谓得无上涅槃，来彼求巧善男子处，敷座说法。其形斯须，或作比丘，令彼人见。或为帝释③，或为妇女，或比丘尼，或寝暗室，身有光明。是人愚迷，惑为菩萨，信其教化，摇荡其心。破佛律仪，潜行贪欲。口中好言灾祥变异，或言如来某处出世，或言劫火，或说刀兵。恐怖于人，令其家资无故耗散。此名怪鬼，年老成魔。恼乱是人。厌足心生，去彼人体。弟子与师，俱陷王难。汝当先觉，不入轮回。迷惑不知，堕无间狱。

"阿难，又善男子受阴虚妙，不遭邪虑，圆定发明。三摩地中，心爱游荡。飞其精思，贪求经历。尔时，天魔候得其便，飞精附人，口说经法。其人亦不觉知魔着，亦言自得无上涅槃。来彼求游善男子处，敷座说法。自形无变，其听法者，忽自见身坐宝莲华，全体化成紫金光聚。一众听人，各各如是，得未曾有。是人愚迷，惑为菩萨。淫逸其心，破佛律仪，潜行贪欲。口中好言：诸佛应世，某处某人，当是某佛化身来此，某人即是某菩萨等来化人间。其人见故，心生倾渴。邪见密兴，种智消灭。此名魅鬼④，年老成魔，恼乱是人。厌足心生，去彼人体。弟子与师，俱陷王难。汝当先觉，不入轮回。迷惑不知，堕无间狱。

"又善男子，受阴虚妙，不遭邪虑，圆定发明。三摩地中，心爱绵吻。澄其精思，贪求契合。尔时，天魔候得其便，飞精附人，口说经法。其人实不觉知魔着，亦言自得无上涅槃。来彼求合善男子处，敷座说法。其形及彼听法之人外无迁变，令其听者，未闻法前，心自开悟。念念移易，或得宿命，或有他心，或见地狱，或知人间好恶诸事，或口说偈，或自诵经。各各欢娱，得未曾有。是人愚迷，惑为菩萨。绵爱其心，破佛律仪，潜行贪欲。口中好言：佛有大小，某佛先佛，某佛后佛，其中亦有真佛、假佛、男佛、女佛，菩萨亦然。其人见故，洗涤本心，易入邪悟。此名魅鬼⑤，年老成魔，恼乱是人。厌足心生、去彼人体。弟子与师，俱陷王难。汝当先觉，不入轮回。迷惑不知，堕无间狱。

"又善男子受阴虚妙，不遭邪虑，圆定发明。三摩地中，心爱根本，穷览物化性之始终。精爽其心，贪求辨析。尔时，天魔候得其便，飞精附人，口说经法。其人先不觉知魔着，亦言自得无上涅槃。来彼求元善男子处，敷座说法。身有威神，摧伏求者。令其座下，虽未闻法，自然心伏。是诸人等，将佛涅槃菩提法身，即是现前我肉身上。父父子子，递代相生，即是法身常住不绝。都指现在即为佛国，无别净居及金色相。其人信受，亡失先心。身命归依，得未曾有。是等愚迷，惑为菩萨。推究其心，破佛律仪、潜行贪欲。口中好言：眼耳鼻舌皆为净土；男女二根，即是菩提涅槃真处。彼无知者，信是秽言。此名蛊毒魇胜恶鬼，年老成魔，恼乱是人。厌足心生，去彼人体。弟子与师，俱陷王难。汝当先觉，不入轮回。迷惑不知，堕无间狱。

"又善男子受阴虚妙，不遭邪虑，圆定发明。三摩地中，心爱悬应，周流精研，贪求冥感。尔时，天魔候得其便，飞精附人，口说经法。其人元不觉知魔着，亦言自得无上涅槃。来彼求应善男子处，敷座说法。能令听众暂见其身如百千岁，心生爱染，不能舍离。身为奴仆，四事供养，不觉疲劳；各各令其座下人心，知是先师本善知识，别生法爱，黏如胶漆，得未曾有。是人愚迷，惑为菩萨。亲近其心，破佛律仪，潜行贪欲。口中好言：我于前世，于某生中先度某人，当时是我妻妾兄弟。今来相度，与汝相随，归某世界，供养某佛。或言：别有大光明天，佛于中住，一切如来所休居地。彼无知者，信是虚诳，遗失本心。此名疠鬼，年老成魔，恼乱是人。厌足心生，去彼人体。弟子与师，俱陷王难。汝当先觉，不入轮回。迷惑不知，堕无间狱。

注释

①**菩萨六十圣位**：指菩萨修行的阶位，一般以十信、十住、十行、十回向、十地为五十位，再加等觉、四加行共五十五位。其他五位没有确定的说法。

②**意生身**：又称意成身，指初地以上的菩萨身。此身无碍自在，如心如意。

③**帝释**：音译释迦提桓因陀罗。又作天帝释、天主。

④**魃鬼**：此鬼遇风成形，因贪色而受生。我国有见此鬼而天旱的说法。

⑤**魅鬼**：物老所成之鬼。此鬼遇畜而成形，因贪惑而受生。

译文

"阿难，那些善男子修三摩地而使受阴消失之时，虽然未能断除一切烦恼，但自心已无所执着而不受形体的拘束，就如同飞鸟出笼，已能成就以自己的凡夫之身上历菩萨六十圣位而得意生身，随意往来无所障碍。譬如有人在熟睡中说梦话，虽然此人在说梦话时别无所知，但他的梦话已构成有音韵有层次的语言，使没有睡的人都领悟到梦话的意思。这种情况名想阴区域。如果动念已尽，浮想消除，觉明之心就好像镜面上除去了尘垢，能够遍照一切有生死之物。这种情况名想阴尽。这时，此人就能超越烦恼浊而观见到想阴的由来。想阴是以心与境相融通所产生的妄想为其根本的。

"阿难，那些善男子受阴虚妙，不为任何邪念所惑，在圆通妙定中成受阴已尽境界。然而，此善男子于此三摩地中心起喜爱之心，此心圆满，妙用无穷，思虑敏锐而贪求善巧。此时，天魔等候到时机，便立时遣其魔精附于他人之体，并口说经法。此附魔之人不知魔已附体，还自言说已得无上涅槃。他来到一心求善巧的善男子处设座说法。此人形貌不断变化，或作比丘，令听法之人亲见；或为帝释，或为妇女、为比丘尼；或者睡在暗室而身放光明。那些善男子愚盲不识，还以为此人就是菩萨，相信他的说教而心神恍惚不定，破佛戒律而渐渐做起贪欲之事。此魔附之人好言灾祥怪诞之事，或说如来在某处出世，或说某处出现了劫火，或说战争将要发生。使人产生恐怖，或者竭财以供如来；或者弃家逃亡，无故使家资耗散。此魔精附体之人名为怪鬼，年老之后成魔，在世间恼乱修行之人。魔精附于人体，时间一久就生厌足之心，必然离体而去。此时，魔精附体之人及其弟子都将陷于大难。你应当对此先有察觉，才不致坠入轮回，如果迷惑而不觉知必将堕入无间地狱。

"阿难，又有善男子，其受阴虚明而周遍，不为任何邪念所迷惑，并于圆通妙定之中成就受阴已尽的无碍境界。然而，此善男子在三摩地中，生起爱好游荡之心，使其心思飘浮，一心贪求游方之事。此时，天魔等候到时机，立时遣其魔精附于他人之身，并口说经法。魔精附体之人，并没有觉知魔已附体，还说自己得了无上涅槃。此人来到喜好游方的善男子处，设座说法。此人形貌不变，而听其说法者，忽而自见其身坐在宝莲华上，忽而全身化作紫金光聚。所有的听众都是这样，以为得未曾有。那些善男子，个个愚昧，误把此人当作菩萨，自恃得遇圣人而放纵淫逸之心，破佛戒律，渐渐做起贪欲之事。此魔附之人好言诸佛出世，说某处某人必定是某佛的化身；某人就是某某菩萨等，他们都是来教化人间的。而那些听法之人见此情景，心生仰慕，兴起种种邪见，从而使成佛种智丧失。此魔附之人名魃鬼，年老之后成魔，在世间恼乱修行之人。魔精附于人体，时间一久，就生厌足之心，必然离人体而去。此时，魔精所附之人及其弟子都将陷于受国法制裁之大难。你应当对此先有察觉，才不致坠落于轮回之中。如果迷惑而没有觉知，必将堕入无间地狱。

"又有善男子，其受阴虚明而周遍，不为任何邪念所迷惑，并于圆通妙定之中，成就了受阴已尽的无碍境界。然而，此善男子在三摩地中，却生出一种欲与诸佛妙理相吻合的绵绵之心。其思虑深沉，静而不动，一心贪求与佛契合。此时，天魔等候到时机，立时遣其魔精附于他人之身，并口说经法。其魔精附体之人，实在不知魔已附体，还说自己得了无上涅槃。此人来到一心寻求与佛契合的善男子处，设座说法。此人及其听法者的形体一无变化，而让听法之人未闻说法，其心就已开悟。听法者在思念的变化之中，或者能知未来之事，或者能知他人心中所想，或者能知地狱，或者能知人间善恶诸事，或口说偈语，或者能背诵经文。他们得此神通，个个欢娱，以为得未曾有。这些听法之人，愚昧无知，误把此人当作菩萨，而心生缠绵之爱，相信此人的说教而破佛律仪，渐渐做起贪欲之事。此魔精附体之人，口中好言佛有大小，说某佛是先佛，某佛是后佛。还说这其中有真佛、假佛、男佛、女佛。菩萨也是这样。那些听法之人，见其神通，都相信其妖言，洗涤了本来成佛之心而改奉邪道。此魔精所附之人名魅鬼，年老之后成魔，在人间恼乱修行之人。魔精附于人体，时间一久，就生厌足之心，必然离人体而去。此时，魔精附体之人及其弟子都将陷于受国法制裁之大难。你应当对此先有察觉，才不致坠落于轮回之中。如果迷惑而没有觉知，必将堕入无间地狱。

"又有善男子，受阴虚明周遍，不为任何邪念所迷惑，并于圆通妙定之中成就了受阴已尽的无碍境界。然而，在三摩地中却心爱追根溯源，遍览万物的变化，追究物性的始末，竭尽心力去贪求辨别与分析。此时，天魔等候到时机，立时遣其魔精附于他人之体，并口说经法。此魔精附体之人，自开始就没有觉知魔已附体，还说自己得了无上涅槃。此人来到一心求索根本的善男子处，设座说法。此人身有神威，震伏着求索根本的善男子们，令其座下众人，虽然未闻说法就自然心服。他们这些领受魔法的人，将佛涅槃之后的菩提法身认为就是眼前自己的肉身；认为父父子子递代相生，就是法身常住不绝之相；指当今世界就是佛国，别无净土及金色相。此等听众亡失了寻求根本的初心，以自己的身命归信魔说，还以为得未曾有。这些愚昧之人，误把此人当作菩萨，推究己心以为根本，从而破佛戒律，渐渐行起贪欲之事。此魔精所附之人，口中好言：眼耳鼻舌皆为净土；男女二根就是菩提涅槃的真正所在。那些无知的归信之人，竟都相信这种污秽的话。此魔精附体之人名蛊毒魔胜恶鬼，年老之后成魔，在世间恼乱修行之人。魔精附于人体，时间一久就生厌足之心，必然离体而去。此时，魔精附体之人及其弟子都将陷于受国法制裁之大难。你应当对此先有察觉，才不致坠入轮回。如果迷惑而没有觉知，必将堕入无间地狱。

"又有善男子，受阴虚明周遍，不为任何邪念所惑，并于圆通妙定之中成就了受阴已尽的无碍境界。然而，在三摩地中却生起诸圣应化其身的妄想爱心，反复精研，一心贪求与圣灵契合的感觉。此时，天魔等候到时机，立时遣其魔精附于他人之身，并口说经法。此魔精所附之人根本没有觉知魔已附体，还说自己得了无上涅槃。此人来到一心贪求诸圣应化其身的善男子处，设座说法。此人身着魔力，故能令听众一时得见其身如百千岁之人，从而心生爱慕，无法舍离，就是身为奴仆，四时供养也不觉疲劳。同时能令其徒众心中相信他就是先世之师，本来就是善知识，而别生法爱之心，更难舍离，如胶如漆，并以为这就是得未曾有。这些愚昧之人，误把此人当作菩萨，亲近其心，破佛律仪，渐渐行其贪欲之事。此魔精附体之人，口中好言：我在前世，于某生中先度某人。当时，这些人是我的妻妾兄弟。我今天来到此处是为度你们，与你们一起归于某一世界，供养某佛；或说别有一大光明天，佛住在其间，这是一切如来休息居住的地方。那些无知的人，相信此人虚诳之言而遗失成佛本心。此名疬鬼，年老之后成魔，在世间恼乱修行之人。魔精附于人体，时间一久就生厌足之心，必然离体而去。此时，魔精附体之人及其弟子，都将陷入受国法制裁之大难之中。你对此应当先有觉知，才不致坠落轮回。如果迷惑而没有觉知，必将堕入无间地狱。

原典

"又善男子，受阴虚妙，不遭邪虑，圆定发明。三摩地中，心爱深入。克己辛勤，乐处阴寂，贪求静谧。尔时天魔，候得其便，飞精附人，口说经法。其人本不觉知魔着，亦言自得无上涅槃，来彼求阴善男子处，敷座说法。令其听人，各知本业，或于其处，语一人言：汝今未死，已作畜生。敕使一人于后踏尾，顿令其人起不能得。于是一众，倾心钦伏。有人起心，已知其肇。佛律仪外，重加精苦。诽谤比丘，骂詈徒众。讦露人事，不避讥嫌。口中好言：未然祸福，及至其时，毫发无失。此大力鬼，年老成魔，恼乱是人。厌足心生、去彼人体。弟子与师，俱陷王难。汝当先觉，不入轮回。迷惑不知，堕无间狱。

"又善男子，受阴虚妙，不遭邪虑，圆定发明。三摩地中，心爱知见。勤苦研寻，贪求宿命。尔时天魔，候得其便，飞精附人，口说经法。其人殊不觉知魔着，亦言自得无上涅槃。来彼求知善男子处，敷座说法。是人无端于说法处，得大宝珠，其魔或时化为畜生，口衔其珠及杂珍宝，简策符牍，诸奇异物。先授彼人，后着其体。或诱听人，藏于地下，有明月珠，照耀其处。是诸听者得未曾有。多食药草，不餐嘉馔，或时日餐一麻一麦，其形肥充，魔力持故，诽谤比丘，骂詈徒众，不避讥嫌。口中好言：他方宝藏，十方圣贤潜匿之处。随其后者，往往见有奇异之人，此名山林、土地、城隍、川岳、鬼神，年老成魔。或有宣淫，破佛戒律，与承事者，潜行五欲①。或有精进，纯食草木，无定行事。恼乱是人。厌足心生，去彼人体。弟子与师，俱陷王难。汝当先觉，不入轮回。迷惑不知，堕无间狱。

"又善男子，受阴虚妙，不遭邪虑，圆定发明。三摩地中，心爱神通种种变化。研究化元，贪取神力。尔时天魔，候得其便，飞精附人，口说经法。其人诚不觉知魔着，亦言自得无上涅槃。来彼求通善男子处，敷座说法。是人或复手执火光，手撮其光，分于所听四众头上。是诸听人顶上火光皆长数尺，亦无热性，曾不焚烧。或水上行，如履平地。或于空中，安坐不动。或入瓶内，或处囊中。越牖透垣，曾无障碍。唯于刀兵，不得自在。自言是佛，身着白衣，受比丘礼。诽谤禅律，骂詈徒众。

许露人事，不避讥嫌。口中常说神通自在，或复令人旁见佛土。鬼力惑人，非有真实。赞叹行淫，不毁粗行。将诸猥媟，以为传法。此名天地大力山精、海精、风精、河精、土精，一切草木积劫精魅；或复龙魅；或寿终仙，再活为魅；或仙期终，计年应死，其形不化，他怪所附。年老成魔，恼乱是人。厌足心生，去彼人体。弟子与师，多陷王难。汝当先觉，不入轮回。迷惑不知，堕无间狱。

注释

①**五欲**：指染着色、声、香、味、触五尘所引起之贪欲，故称五欲。

译文

"又有善男子，受阴虚明周遍，不为任何邪念所惑，并于圆通妙定之中成就了受阴已尽的无碍境界。然而，在三摩地中却生起喜入深定的爱心，苛求自己，精勤禅定；乐处幽静之处，一心贪求寂静的境地。此时，天魔等候到时机，立时遣其魔精附于他人之身，并口说经法。此魔精所附之人，根本就没有觉知魔已附体，还自言得无上涅槃。此人来到一心追求深定的善男子处，设座说法。此人令其听众可以各知前世本业；或在说法之地对一人说：你现在虽然没有死，但已经成为畜生，并命令一人在这个人的背后踏其尾部，这人顿时不能起身。当此之时，看到这种情景的在场大众，无不从心中钦服。如果有人心中起某种念头，此人立时就可知晓他心中起念的原因。此人对其徒众，除佛的律仪之外，又加进许多十分严格的苦戒。他诽谤比丘，恶骂徒众，披露别人的隐私，不避讥讽嫌疑。他口中好言：未曾发生的祸福，及至事情发生，与其所言无丝毫差别。此为大力鬼，年老之后成魔，在世间恼乱修行之人。魔精附于人体，时间一久就生厌足之心，必然离体而去。此时，此魔精附体之人及其弟子都将陷入受国法制裁之大难。你应当对此先有觉知，才不致坠入轮回。如果迷惑而不觉知，必将堕入无间地狱。

"又有善男子，受阴虚明周遍，不为任何邪念所惑，并于圆通妙定之中成就了受阴已尽的无碍境界。然而，在三摩地中却生起通达宿命的爱心，勤苦寻研，一心贪求宿命知见。此时，天魔等候到时机，立时遣魔精附于他人之体，并口说经法。此魔精附体之人尚不觉知魔已附体，还自言得无上涅槃。此人来到一心贪求宿命知见的善男子处，设座说法。此人无端在说法之处得大宝珠。当时，魔精先是化作一畜生，口中衔着这颗宝珠及其他珍宝和简策符牍等多种奇异之物。此畜生将珍宝授于此人，然后附着其体。此人或者诱惑听众，说有明月珠藏在地下，而其地则有珠光照耀，这些人由此以为得未曾有。他们多食药草，不吃佳馔；或者只吃一麻一麦，其身体则都很肥胖，这些都是魔力所为。此魔附之人诽谤比丘，漫骂徒众，不避讥嫌。此人口中好言：他方宝藏，及十方圣贤潜心修行之处。跟随其后，往往能看到奇异之人。此名山林、土地、城隍、川岳鬼神，年老之后成魔。或者宣扬淫威，破佛戒律；或者与其奉事者暗行世间五欲之事；或者精进修行，而这种修行也纯粹是食草木一类的盲目行为。你应当对此先有觉知，才不致坠入轮回。如果迷惑而没有觉知，必将堕入无间地狱。

"又有善男子，受阴虚明周遍，不为任何邪念所惑，并于圆通妙定之中成就了受阴已尽的无碍境界。然而，在三摩地中却生起得神通种种变化的爱心，研究万种变化之本，一心贪求神力。此时，天魔等候到时机，立时遣其魔精附于他人之体，并口说经法。此魔精所附之人并没有觉知魔已附体，还自言得无上涅槃。此人来到一心想贪求神通的善男子处，设座说法。此人或者手执火光，再用另一只手将火光撮出放在听其说法的四众的头上，这些听众头上的火光，皆高数尺，而头上却无热的感觉，也没有焚烧的痕迹。此人或者在水中走如履平地；或者在空中安坐不动，或者钻入瓶内，或者处在囊中。

此人越壁穿墙全无障碍，唯于刀兵之事无能为力。此人自言是佛，身着白色衣服，受比丘礼拜。诽谤禅定戒律，漫骂徒众，披露他人的隐私，不避讥讽嫌疑。此人口中常说神通自在，或者能令众人从旁观看佛土。这都是魔力迷惑众人的结果，并不是真实的存在。此人称赞行淫，不改粗鲁恶行，将各种猥狎轻浮的行为视作传法。此名天地大力山精、海精、风精、河精、土精，一切草木积劫精魅；或者龙魅；或者是寿终之仙再活而成的鬼魅；或者是仙寿已终，计算年限已经到了死期，但其体不化而为他怪所附的鬼魅。此等种种鬼魅，年老之后成魔，在世间恼乱修行之人。魔精附于人体，时间一久即生厌足之心，必然离体而去。此时，被魔精所附之人及其弟子，必定陷于大难之中。你应当对此先有觉知，才不致坠入轮回。如果迷惑而没有觉知，必将堕入无间地狱。

原典

"又善男子，受阴虚妙，不遭邪虑，圆定发明。三摩地中，心爱入灭。研究化性，贪求深空。尔时天魔，候得其便，飞精附人，口说经法，其人终不觉知魔着，亦言自得无上涅槃。来彼求空善男子处，敷座说法。于大众内，其形忽空，众无所见。还从虚空，突然而出。存没自在，或现其身，洞如琉璃。或垂手足作旃檀气①。或大小便如厚石蜜。诽毁戒律，轻贱出家。口中常说无因无果，一死永灭，无复后身及诸凡圣。虽得空寂，潜行贪欲。受其欲者，亦得空心，拨无因果。此名日月薄蚀精气②、金玉芝草、麟凤龟鹤，经千万年不死为灵。出生国土，年老成魔，恼乱是人。厌足心生，去彼人体。弟子与师，多陷王难。汝当先觉，不入轮回。迷惑不知，堕无间狱。

"又善男子，受阴虚妙，不遭邪虑，圆定发明。三摩地中，心爱长寿。辛苦研几，贪求永岁。弃分段生，顿希变易，细相常住。尔时天魔，候得其便，飞精附人，口说经法。其人竟不觉知魔着，亦言自得无上涅槃。来彼求生善男子处，敷座说法。好言他方往还无滞。或经万里，瞬息再来。皆于彼方，取得其物。或于一处，在一宅中，数步之间，令其从东诣至西壁。是人急行，累年不到。因此心信，疑佛现前。口中常说：十方众生皆是我子，我生诸佛，我出世界，我是元佛，出世自然，不因修行。此名住世自在天魔。使其眷属，如遮文茶③，及四天王毗舍童子④，未发心者。利其虚明，食彼精气。或不因师，其修行人亲自观见，称执金刚⑤，与汝长命，现美女身，盛行贪欲。未逾年岁，肝脑枯竭，口兼独言，听若妖魅。前人未详，多陷王难，未及遇刑，先已干死。

恼乱彼人，以至殂殒。汝当先觉，不入轮回。迷惑不知，堕无间狱。

注释

①旃檀气：旃檀，香木名，译曰与乐，因此香治热病，去风肿，使人身形安乐故名。旃檀气即旃檀的香味。

②日月薄蚀精气：薄，此处是侵犯之意。全句意为侵蚀日月的精气，即指日食月食。

③遮文茶：又云嫉妒女，怒神。恶鬼名，能以咒术厌祷，危害社会。

④毗舍童子：即毗舍阇。饿鬼名，为四天王之一的持国天王所统领。

⑤执金刚：又云执金刚夜叉，遇佛出世即降生阎浮提，护卫世尊，防守道场。

译文

"又有善男子，受阴虚明周遍，不为任何邪念所迷惑，并于圆通妙定之中成就了受阴已尽的无碍境界。然而，在三摩地中却生起身入空灭境地的爱心，研究变化之性，一心贪求深空境界。此时，天魔等候到时机，立时遣其魔精附于他人之体，并口说经法。此魔精所附之人最终也没有觉知魔已附体，还自言得无上涅槃。此人来到一心求空的善知识处，设座说法。此人于大众中形体突然变空，众人什么也看不见，忽而又从虚空中突然出现。此人出没自在，或现自身，透彻如琉璃；或垂手足放散旃檀的香气；或大小便，其味如浓石蜜。此人诽谤戒律，轻贱出家，口中常言：既无因又无果，人死之后就永远灭亡了，不再有后世以及凡圣的区别。此人虽可得空寂的境界，却暗行贪欲之事；而受其迷惑的大众也可得到空寂之心，但却乱谈无因无果之说。此名日月薄蚀、精气、金玉、芝草、麟凤、龟鹤，经千万年不死而为灵。此精灵出生国土，年老之后成魔，在世间恼乱修行之人。此魔精附于人体，日久而生厌足之心，必然离体而去。此时，此魔精附体之人及其弟子，多陷入大难之中。你应当对此先有觉知，才不致坠入轮回。如果迷惑而没有觉知，必将堕无间地狱。

"又有善男子，受阴虚明周遍，不为任何邪念所惑，并于圆通妙定之中成就了受阴已尽的无碍境地。然而，在三摩地中却生起长寿的爱心。在微妙的细节中辛苦地进行钻研，一心贪求年岁永无止尽；舍弃了循序渐进的分段修行，希望顿成变易，使微细动相常住不动。此时，天魔等候到时机，立时遣其魔精附于他人之体，并口说经法。此魔精附体之人竟然不知魔已附身，还自言得无上涅槃。此人来到一心求长生的善男子处，设座说法。此人好言去他方来去无阻。或者虽离去万里之遥，瞬息之间就可转回，并于他方取来彼方之物；或者在某个地方的一间房屋里，此屋大不过数步之间，但令一人从东墙走到西墙，这个人快步行走，经累年而不到，因此而得到众人相信，以为是佛身显化于前。此人口中常说：十方一切众生皆是我的儿子，诸佛是我所生，世界是我所造，我是无始无终的元佛，出生于自然而非修行所得。此名住世自在天魔。此魔使其眷属，如遮文茶及四天王毗舍童子来到世间。他们乃是未发心归佛之前的饿鬼，由于其定心通达一切，故能食人精气。在没有魔精附体之人的师教下，此修行人亲自目睹了魔身显现。此魔称执金刚，许诺予此修行人长命之术，并化成美女身，与之广行贪欲。此修行人未到老年，肝脑已经枯竭，并口中不断自言自语，如同妖魅一样。见此种情景的人，见不到魔身，不知是魔是圣，故大多陷入大难之中，他们在并未遭遇刑罚的情况下就先已干死。此修行人因恼乱他人，以至自身殒命。你应当对此先有觉知，才不致坠入轮回。如果迷惑而没有觉知，必将堕无间地狱。

原典

"阿难当知，是十种魔，于末世时，在我法中，出家修道。或附人体，或自现形，皆言已成正遍知觉。赞叹淫欲，破佛律仪，先恶魔师，与魔弟子，淫淫相传。如是邪精，魅其心腑，近则九生，多逾百世。令真修行，总为魔眷，命终之后，必为魔民。失正遍知，堕无间狱。汝今未须先取寂灭，纵得无学，留愿入彼末法之中，起大慈悲，救度正心深信众生，令不着魔，得正知见。我今度汝，已出生死。汝遵佛语，名报佛恩。

"阿难，如是十种禅那现境，皆是想阴用心交互，故现斯事。众生顽迷，不自忖量。逢此因缘，迷不自识，谓言登圣。大妄语成，堕无间狱。汝等必须将如来语，于我灭后，传示末法。遍令众生，开悟斯义，无令天魔得其方便，保持覆护，成无上道。"

译文

"阿难，你应该知道，此十种魔，于末法之世，在我佛法之中出家修道。他们或附人体，或自现身形，都说自己已成就正遍觉知。他们称赞淫欲，破佛律仪。这些恶魔的先师与魔弟子都是以淫传淫，代代相承。他们以魔精附于人体，魅其心腑，近则九生，远逾百世，使修行之人都变成魔的眷属。他们命终之后，必然成为魔民，失去正遍知觉，而堕入无间地狱。你现在无须先求寂灭，纵然先证得无学道果，也要留下大愿，到处在末法之世的人间去，起大慈悲心，救度那些正心深信佛法的众生，使他们不着于魔道，而得到正确的知见。我现在度你，你已经出离生死，你遵奉佛的话，就是报佛之恩。

"阿难，如上十种禅那所现情景，皆是想阴与定心交互作用时，想阴所表现的种种邪悟。众生迷顽，不自思量，遇到此类因缘，迷不自识，还说自己证得了圣果，此大妄语一成，就必然堕入无间地狱。你们必须将我的话，在我入灭之后，传示于末法时期，使一切众生都能悟知此义，使天魔没有机会施展魔力，庇护修行禅定的人，最终成就无上道。"

10 卷十

"阿难，彼善男子修三摩提想阴尽者。是人平常梦想销灭，寤寐恒一。觉明虚静，犹如晴空，无复粗重前尘影事。观诸世间大地山河，如镜鉴明，来无所黏，过无踪迹。虚受照应，了罔陈习，唯一精真。生灭根元，从此披露，见诸十方十二众生，毕殚其类。虽未通其各命由绪，见同生基。犹如野马①，熠熠②清扰，为浮根尘，究竟枢穴。此则名为行阴区宇。若此清扰熠熠元性，性入元澄，一澄元习，如波澜灭，化为澄水，名行阴尽。是人则能超众生浊。观其所由，幽隐妄想以为其本。

注释

①**野马**：指浮游的田间地气。《庄子成玄英疏》云："青春之时，阳气发动，遥望薮泽之中犹如奔马，故谓之野马。"

②**熠熠**：音异，形容闪光发亮。

译文

"阿难，那些善男子修三摩提而使想阴渐渐消尽。此时，修行之人平日那样的梦想已消失了，睡着时没有梦，而醒来之后也没有想，完全处于恒一的状态之中。了觉明体虚无而静寂，犹如晴空，再没有粗重的尘境显现于眼前。观看世间，大地山河如同明镜中的影子，来无所黏，去无踪迹。像照镜子一样，心识所触及的尘境不过是虚受而已，一切陈旧的积习都没有了，剩下的唯有纯一虚静的觉明之体。生灭的根源从此披露，所能见到的十方世界一切十二类众生，其生灭都不出此根源。十二类众生虽然各有其命，并不相通，但其生灭行为是相同的。就如同游动的田间地气，波光粼粼，出没难见，但毕竟是浮根尘境，最终也无法摆脱生死，此则名为行阴区宇。如果此出没不定波光粼粼的元体归于纯静，从而永绝行阴种习，就如同水中的波澜销息，化作一片静水，此名行阴尽。是人则能超越生灭不停的'众生浊'。此时再观察行阴所以产生，则是以幽深隐密的妄想为其根本的。

原典

"阿难当知，是得正知奢摩他中诸善男子，凝明正心，十类天魔不得其便，方得精研，穷生类本，于本类中，生元露者，观彼幽清圆扰动元。于圆元中，起计度①者，是人坠入二无因论。

"一者，是人见本无因。何以故？是人既得生机全破，乘于眼根八百功德，见八万劫所有众生。业流湾环，死此生彼。只见众生轮回其处，八万劫外，冥无所观。便作是解：此等世间十方众生，八万劫来，无因自有。由此计度，亡正遍知，堕落外道，惑菩提性。

"二者，是人见末无因。何以故？是人于生既见其根，知人生人，悟鸟生鸟，乌从来黑，鹄②从来白，人天本竖，畜生本横，白非洗成，黑非染造，从八万劫，无复改移。今尽此形，亦复如是。而我本来不见菩提。云何更有成菩提事？当知今日一切物象，皆本无因。由此计度，亡正遍知，堕落外道，惑菩提性。是则名为第一外道，立无因论。

注释

①计度：主观的思量推测。
②鹄：即天鹅。

译文

"阿难，你应当知道，在这种得正知的修止中，善男子的不动不迷的正心，可以使十类天魔都不能有机可乘，因此可以精心地研究诸种生类的生死本因，从而在本类中使行阴显露，观察到行阴幽深而迁流不息的微细动相的根源。此时，如果只从此微细的动相中起心计度，则此人就将坠入二种无因论中。

"一者，此人认为行阴没有产生的本因。为什么？此人既然已见生灭之因披露，就可用眼根的八百功德见八万劫中的所有众生。随着众生行业的流转循环，此死而彼生，看到的唯有众生在八万劫中生死轮回，八万劫外却什么也看不见。于是就做了这样的理解：此世间中的十方一切众生，自八万劫来无因而自有。如果由此起心计度，则将亡失正遍之知，堕入外道，从而迷失菩提觉性。

"二者，此人认为本既无因，末也无因。为什么？此人从诸类生中既然见其根本，知道人是由人生的，由此悟知鸟生鸟。乌鸦从来就是黑的，鹄从来就是白的，人和天人本来就是竖着走的，畜生本来就是横着走的，白并不是洗成的，黑也不是染造的，而这种种情况，自八万劫以来从没有改变过。现在已穷尽了未来的一切形物而无一例外，那么，八万劫来本来不见有菩提觉性，为何今日更有成菩提之事？由此知道，今天的一切物相皆是无因而自有。由此起心计度，则将亡失正遍之知，堕入外道，从而迷失菩提觉性。这种情况是名第一外道，立无因论。

原典

"阿难，是三摩中诸善男子，凝明正心，魔不得便，穷生类本，观彼幽清常扰动元。于圆常①中，起计度者，是人坠入四遍常论。

"一者，是人穷心境性，二处无因，修习能知二万劫中，十方众生，所有生灭，咸皆循环，不曾散失，计以为常。

"二者，是人穷四大元②，四性常住，修习能知四万劫中，十方众生，所有生灭，咸皆体恒，不曾散失，计以为常。

"三者，是人穷尽六根末那执受，心意识中，本元由处，性常恒故。修习能知八万劫中，一切众生，循环不失，本来常住，穷不失性，计以为常。

"四者，是人既尽想元，生理更无流止运转。生灭想心，今已永灭，理中自然成不生灭。因心所度，计以为常。

"由此计常，亡正遍知，堕落外道，惑菩提性。是则名为第二外道，立圆常论。

注释

①圆常：圆，圆满周遍；常，恒常不变，无生无灭。
②四大元：四大即地水火风；元，根元。

译文

"阿难，在此三摩地中，诸善男子的不动不迷的正心使诸魔无机可乘，穷极诸生类产生的本因，观察到行阴幽深而迁流不息的微细动相的根元。此时，如果只从遍常的行阴中起心计度，是人就将坠入四种遍常论中。

"一者，此人穷研内心和外境产生的原因，认为皆是无因而自有，依此修习则能知两万劫中十方众生所有的生生灭灭都是此生彼死，循环往复，不曾散失，此人执此以为常。

"二者，此人穷研四大，见其体性常住，依此修习能知四万劫中十方众生的所有生灭都是四大和合而成，其体皆为永恒的存在，不曾散失，此人执此以为常。

"三者，此人精细地研究六根、末那及执受（第八识），穷尽了八识中的心、意和识的一切方面，直至其原本产生的原因，认为其性真常不变。依此修行则能知八万劫中一切众生，在生灭的循环往复中，本来就是永存常住的，其性永远不会散失，此人执此以为常。

"四者，此人想阴既然已经灭尽，而行阴就更没有流止运转。既然生灭想心今已永灭，行阴也就理所当然地成为不生不灭的。由于心的妄想执着，就错误地认为行阴为常。

"由此四种执常出发，必然亡失正遍之知，而堕入外道，从而迷失菩提觉性。这种情况名为第二外道，立圆常说。

原典

"又三摩中诸善男子，坚凝正心，魔不得便。穷生类本，观彼幽清，常扰动元。于自他中，起计度者，是人坠入四颠倒见，一分无常，一分常论。

"一者，是人观妙明心，遍十方界，湛然以为究竟神我①。从是则计：我遍十方，凝明不动。一切众生，于我心中自生自死。则我心性名之为常，彼生灭者，真无常性。

"二者，是人不观其心。遍观十方恒沙国土，见劫坏处，名为究竟无常种性。劫不坏处，名究竟常。

"三者，是人别观我心，精细微密，犹如微尘。流轮十方，性无移改。能令此身，即生即灭。其不坏性，名我性常。一切死生从我流出，名无常性。

"四者，是人知想阴尽，见行阴流。行阴常流，计为常性。色受想等，今已灭尽，名为无常。

"由此计度，一分无常，一分常故，堕落外道，惑菩提性。是则名为第三外道，一分常论。

注释

①**神我**：指灵妙不可思议永存的我为实体，称神我。佛教认为这是外道，此外道有二十五谛，第二十五谛为神我。

译文

"又有三摩地中的善男子，坚固而不动的正心使心魔无机可乘。他穷研诸众生类产生的根本原因，观察行阴幽深，而迁流不息的微细动相的根元。此时，如果于自和他中起心计度，就将坠入四颠倒见中，一部分为无常，一部分为常论。

"一者，此人观妙明自心能遍及十方界，此心性湛然清澈，以为这就是最高的神我。由此认为我的自心是遍满十方，是真常不动的，而一切众生在我心中自生自死。我的心性名之为常，而众生的自生自灭为无常。

"二者，此人不观察自心，却遍观十方恒沙国土，把劫数处于坏劫处的国土众生，称为究竟无常种性；把劫数中处于不坏处的国土众生，称究竟常。

"三者，此人从别处观察自心精细微密之处，就如同细小难见的微尘。其自心在十方国土中流转而其性没有改变，能令自身，既可生又可灭。其不坏灭的自心，名我性常；而自心中流出的自身的无常生灭，名无常之性。

"四者，此人知想阴已经消尽，见行阴在不断变化。此常常变化的行阴，被认为是常性；而色、受及想阴等今已灭尽，名为无常。

"由此四者起心计度，而把行阴分为一部分为无常，一部分为常，这就必将堕入外道，从而迷失菩提觉性。这种情况名为第三外道，一分常论。

原典

"又三摩中诸善男子，坚凝正心，魔不得便。穷生类本，观彼幽清常扰动元。于分位①中生计度者，是人坠入四有边论。

"一者，是人心计生元，流用不息。计过未者，名为有边。计相续心，名为无边。

"二者，是人观八万劫，则见众生八万劫前，寂无闻见。无闻见处，名为无边。有众生处，名为有边。

"三者，是人计我遍知，得无边性。彼一切人现我知中，我曾不知彼之知性。名彼不得无边之心，但有边性。

"四者，是人穷行阴空，以其所见，心路筹度②一切众生，一身之中，计其咸皆半生半灭，明其世界一切所有，一半有边，一半无边。

"由此计度，有边无边，堕落外道，惑菩提性。是则名为第四外道，立有边论。

①**分位**：指事物在变化中所区分的不同地位，如波浪是水的一种分位等。

②**心路筹度**：心中的思路，故称心路；筹度，计算度量。

译文

"又有三摩地中的诸善男子，其坚固不动的正心使心魔无机可乘。此善男子穷研了诸众生类产生的根本原因，观察行阴幽深，而迁流不息的微细动相的根元。此时，如果于分位中起心计度，此人就将坠入四有边论。

"一者，此人起心研究生灭的本源，看到生灭之相迁流不息。如果由此起心，从生类去世或未生之前说，名为有边；如果从心的相续不灭说，名为无边。

"二者，此人观察八万劫内，看到众生在八万劫以前寂然难测既无闻又无见。此无闻见之处，名无边；而有众生生灭之处，名有边。

"三者，此人自觉心量遍知一切，而得无边性，其他一切人都显现在我的知中，而我并不曾知其他一切人的知性，此名彼不得无边之心，只有有边之性。

"四者，此人穷研行阴欲求空性，以其所见，用妄想的思路度量一切众生，认为众生的一世生身都是半生半灭，并由此判明世界中所有的一切都是一半有边，一半无边。

"由此四者起心计度有边无边，必将堕入外道，而迷失菩提觉性。这种情况名第四外道，立有边论。

原典

"又三摩中诸善男子，坚凝正心，魔不得便。穷生类本，观彼幽清常扰动元。于知见中生计度者，是人坠入四种颠倒不死矫乱①，遍计虚论。

"一者，是人观变化元。见迁流处，名之为变。见相续处，名之为恒。见所有处，名之为生。不见见处，名之为灭。相续之因，性不断处，名之为增。正相续中，中所离处，名之为灭。各各生处，名之为有。互互亡处，名之为无。以理都观，用心别见。有求法人，来问其义。答言：我今亦生亦灭，亦有亦无、亦增亦减。于一切时皆乱其语，令彼前人遗失章句。

"二者，是人谛观其心，互互无处，因无得证，有人来问，唯答一字，但言其无。除无之余，无所言说。

"三者，是人谛观其心，各各有处，因有得证。有人来问，唯答一字，但言其是。除是之余，无所言说。

"四者，是人有无俱见。其境枝②故，其心亦乱。有人来问，答言亦有，即是亦无，亦无之中，不是亦有。一切矫乱，无容穷诘。

"由此计度，矫乱虚无，堕落外道，惑菩提性。是则名为第五外道，四颠倒性，不死矫乱，遍计虚论。

注释

①**不死矫乱**：《瑜伽师地论》卷六所述十六外论之十，此外道认为：我事不死之净天。问其不死之理，则为矫乱之答。

②**枝**：如一木分成二枝。

译文

"又有三摩地中的诸善男子，其坚固不动的正心使魔无机可乘。此善男子穷研诸众生类产生的本因，观察行阴幽深而迁流不息的微细动相的根元。此时，如果由此知见之中，心起计度者，此人必堕入四种颠倒，语无伦次而妄为虚假之论。

"一者，此人在观察变化的本元时，看到迁移流动之处名之为变。看见相续不断之处名之为恒。看见能看见的地方，名之为生。看不到能看见的地方名之为灭。生灭相续，必有相续之因使之不断，其相续之因名之为增。此生和灭的前后相续之间，必有难以见到的相离之处。此相离之处，往往被忽略不见，名之为灭。诸种生类各有各的生处名之为有。诸种生类又各有各的灭处名之为无。此人从行阴生灭变化的总相中进行观察，费尽心思去进行分别。当有求法之人前来询问行阴含义，此人回答说：我今亦生、亦灭，亦有、亦无，亦增、亦减。这种回答不分时间地点，无论在什么时候，其语皆是混乱的，使问义之人不知执是执非，不仅无益增进，就连在此之前所习经论章句也一并遗失。

"二者，此人认真观察诸生类之心，看到他们相互之间，你中无我，我中无你。因为无得到实证，故有人来问，回答就只有一字，即无。但言其无，除一无字外，再没有别的话可说。

"三者，此人认真观察诸生类之心，又看到他们之中各有各的生处。因为有得到实证，故有人来问，回答就只有一字，即是。但言其是，除一是字外，再没有别的话可说。

"四者，此人在观察诸生类时，既看到有又看到无，在同一境界中分出无和有两种枝解。这种或是或无的不定的理解，使心识紊乱，有人来问，就回答说：亦有也就是亦无；在无之中又不是有。总之，一切概念都被搞乱了，如果追问下去就很难自圆其说。

"由此矫乱虚妄的语言中起心计度，此人必堕入外道，而迷失菩提觉性。这种情况名第五外道，四颠倒性，是语无伦次的遍计虚论。

原典

"又三摩中诸善男子，坚凝正心，魔不得便。穷生类本，观彼幽清常扰动元。于无尽流，生计度者，是人坠入死后有相，发心颠倒。

"或自固身，云色是我。或见我圆，含遍国土，云我有色。或彼前缘随我回复，云色属我；或复我依行中相续，云我在色。皆计度言，死后有相。如是循环有十六相。从此或计，毕竟烦恼①，毕竟菩提②。两性并驱，各不相触。由此计度，死后有故。堕落外道，惑菩提性。是则名为第六外道，立五阴中，死后有相，心颠倒论。

注释

①**毕竟烦恼**：即烦恼所达到的极限。
②**毕竟菩提**：毕竟，最终、最高、终极三意。即最高的菩提，指佛所证得的菩提，又称无上觉。

译文

"又有三摩地中的诸善男子，其坚固不动的正心使魔无机可乘。此善男子穷研诸众生类的生灭本因，观察行阴幽深而迁流不息的微细动相的根元。此时，如果由此无尽的迁流中，起心计度，此人必将坠入死后有相，而产生颠倒之心。

"或者自己坚固其身，说色身即是我；或者见自身圆通，遍含一切国土，说我身之中包含着一切色。或者认为眼前之色法是随着我而运转往复，故云色属于我。或者认为我是在色中相续而存在，故云我在色中。这些都是心起计度，言死后有相所产生的。如果这样循环起心，可成十六种相，由此起心，或者毕竟烦恼，或者毕竟菩提，两性并行增进，各不相碍。由此计度死后有相者，必堕入外道而迷失菩提觉性。这种情况名第六外道，立五阴中，死后有相，心颠倒论。

原典

"又三摩中诸善男子，坚凝正心，魔不得便。穷生类本，观彼幽清常扰动元。于先除灭色受想中生计度者，是人坠入死后无相，发心颠倒。

"见其色灭，形无所因。观其想灭，心无所系。知其受灭，无复连缀。阴性消散，纵有生理，而无受想，与草木同。此质现前犹不可得，死后云何更有诸相？因之勘校死后相无。如是循环，有八无相。从此或计涅槃因果，一切皆空。徒有名字，究竟断灭。

"由此计度死后无故。堕落外道，惑菩提性。是则名为第七外道，立五阴中，死后无相，心颠倒论。

译文

"又有三摩地中的诸善男子，其坚固不动的正心使魔无机可乘。此善男子穷研诸众生类产生的本因，观察诸众生类幽深而迁流不息的根元。此时，如果首先从灭除色、受、想阴中起心计度，则此人必坠入死后无相，而产生颠倒之心。

"此人见其色灭，则形色无所依托。观其想灭则心无所系。知其受灭，则色心之间失去连缀。阴性既然已经消散，纵然有能生之理，而因为没有受、想为用，也只能与草木类同。这种如同草木的形质虽然已经显在眼前，因为其色已灭，所以仍然不能得见，那么，死后为什么说还更有诸相？由此考察，死后应该无相。如果这样循环下去，可成八种无相。从此计度，或者涅槃，或者因果，一切皆空，徒有名字，究竟断灭。

"由此死后无相起心计度，则此人必将堕入外道，而迷失菩提觉性。这种情况名为第七外道，立五阴中，死后无相，心颠倒论。

原典

"又有三摩中诸善男子，坚凝正心，魔不得便。穷生类本，观彼幽清常扰动元。于行存中，兼受想灭，双计有无，自体相破。是人坠入死后俱非，起颠倒论。

"色受想中，见有非有。行迁流内，观无不无。如是循环，穷尽阴界八俱非相①。随得一缘，皆言死后有相无相。又计诸行，性迁讹故，心发通悟。有无俱非，虚实失措。

"由此计度死后俱非，后际昏瞢，无可道故。堕落外道，惑菩提性，是则名为第八外道，立五阴中，死后俱非，心颠倒论。

注释

①八俱非相：指色、受、想、行四阴在死后"见有非有""观无不无"的有无俱非的八种情况。

译文

"又有三摩地中的诸善男子,其坚固不动的正心,使魔无机可乘。此善男子穷研诸众生类的生灭本因,观察诸众生类幽深而常流不息的微细动相的根元。此时,如果于行阴尚存,而同时受阴、想阴已经消失的情况之下,起双心计度,既计度有又计度无,这样自身体相就破。此人必坠入死后一切都不是,既不是有,也不是无,从而起颠倒论。

"在色阴、受阴、想阴中见到的行阴是有,但此有与灭一样是非有。在行阴的迁移流动之中,观察色阴、受阴、想阴已灭是无,但此无与动一样是非无。如此这样循环,可以穷尽诸阴中的八种非相。因为在每一阴中都说死后既有相又无相。这样,从世间一切万事万物起心计度,其性都是在有和无的迁流变化之中。由此心起悟解,则有和无彼此混淆,是非虚实就难以确定。

"这种关于死后俱非的起心计度,使未来之际混沌一片,无法用言语表述。这样就必然堕入外道,而迷失菩提觉性。这种情况名第八外道,立五阴中,死后俱非,心颠倒论。

原典

"又三摩中诸善男子，坚凝正心，魔不得便。穷生类本，观彼幽清常扰动元。于后后无①生计度者。是人坠入七断灭②论。

"或计身灭，或欲尽灭，或苦尽灭，或极乐灭，或极舍灭，如是循环穷尽七际③。现前消灭，灭已无复。由此计度死后断灭，堕落外道，惑菩提性。是则名为第九外道，立五阴中，死后断灭，心颠倒论。

注释

①后后无：诸生类念念迁流，有无相生，不断有新的灭处生出，称后后无。

②七断灭：指四大种所造之色身、欲界、色界、四无色天死后皆断灭。

③七际：指四洲、六欲、初禅、二禅、三禅、四禅、四空共七处，称七际。

译文

"又三摩地中的诸善男子，其坚固不动的正心使魔无机可乘。此善男子穷研诸众生类的生灭本因，观察诸众生类幽深而常流不息的微细动相的根元。诸众生类念念迁流，有无相生，不断有新的灭处产生，称后后无。由此后后无中起心计度，是人必坠入七断灭论。

"或者从身灭计度，或者从欲尽灭计度，或者从苦尽灭计度，或者从极乐灭计度，或者从极舍灭计度，如此循环穷尽七际。现前的一切都消灭了，既然已经消灭，也就不会再有。由此死后一切断灭而起心计度，必堕入外道，而迷失菩提觉心。这种情况名第九外道，立五阴中，死后断灭，心颠倒论。

原典

"又三摩中诸善男子，坚凝正心，魔不得便。穷生类本，观彼幽清常扰动元。于后后有[①]生计度者，是人坠入五涅槃[②]论。

"或以欲界为正转依，观见圆明，生爱慕故。或以初禅，性无忧故。或以二禅，心无苦故，或以三禅，极悦随故。或以四禅，苦乐二亡，不受轮回，生灭性故。迷有漏天，作无为解。五处安隐，为胜净依。如是循环，五处究竟。

"由此计度五现涅槃。堕落外道，惑菩提性。是则名为第十外道，立五阴中，五现涅槃，心颠倒论。

注释

①**后后有**：诸生类念念迁流，有无相生，不断有新的有生，称后后有。

②**五涅槃**：指凡夫以住欲界、初禅、二禅、三禅、四禅为最胜涅槃归依之处。

译文

"又三摩地中的诸善男子，其坚固不动的正心使魔无机可乘。此善男子穷研诸众生类生灭的本因，观察诸众生类幽深而常流不息的微细动相的根元。诸众生类念念迁流，有无相生，不断有新的生处产生，称后后有。由此后后有中，起心计度，此人必坠入五涅槃论。

"或以欲界为不再更有转生的真涅槃境界，遍观其境，清澈明丽而生爱慕。或者以初禅为无忧之境。或以二禅为心无苦之境。或以三禅极尽欢悦具大随顺之境。或以四禅为苦乐俱亡，不再受轮回生灭的常住之境。这样，就把有漏诸天妄计为无；把五处即欲界、初禅、二禅、三禅、四禅当作安隐之境，最胜清净所依之地。如是这样循环，五处都将变成究竟涅槃。

"由此五处所现涅槃计度，必堕入外道，而迷失菩提觉心。这种情况名为第十外道，立五阴中，五现涅槃，心颠倒论。

原典

"阿难，如是十种禅那狂解^①，皆是行阴用心交互，故现斯悟。众生顽迷，不自忖量。逢此现前，以迷为解，自言登圣。大妄语成，堕无间狱。汝等必须将如来语，于我灭后，传示末法。遍令众生觉了斯义。无令心魔自起深孽，保持覆护，消息邪见。教其身心开觉真义，于无上道不遭枝歧。勿令心祈，得少为足，作大觉王^②清净标指。

注释

①**狂解**：邪妄的理解。
②**大觉王**：大觉指佛所具有的觉性。大觉王即佛的觉性已达自在之程度。

译文

"阿难，如上十种在禅那中的狂妄理解，都是定心与行阴交互作用时，行阴表现出来的种种邪悟。众生愚痴迷惑，不自思量，遇到此种邪悟现前，以迷为解，还自言证得了圣果，此大妄语成，必堕无间地狱。你们一定将我的话，在我去世之后，传示于末法时期，使一切众生都能明了此义，从而不让心魔自作深重罪孽，使定心保持覆护，消尽邪见。要教导众生在身心中开悟真义，于无上道中不再误入外道歧途。要他们不要以求得少为足，要以做大觉王、身心清净为最终目标。

原典

"阿难，彼善男子修三摩地行阴尽者，诸世间性，幽清扰动，同分生机，倏然隳裂，沉细纲纽。补特伽罗酬业深脉，感应悬绝。于涅槃天[①]，将大明悟。如鸡后鸣，瞻顾东方，已有精色[②]。六根虚静，无复驰逸。内外湛明，入无所入。深达十方十二种类受命元由。观由执元，诸类不召[③]。于十方界，已获其同，精色不沉，发现幽秘，此则名为识阴区宇。

"若于群召已获同中，消磨六门，合开成就。见闻通邻，互用清净。十方世界及与身心，如吠琉璃[④]，内外明彻。名识阴尽。是人则能超越命浊。观其所由，罔象虚无，颠倒妄想以为其本。

"阿难当知，是善男子穷诸行空，于识还元。已灭生灭，而于寂灭，精妙未圆。能令己身，根隔合开，亦与十方诸类通觉。觉知通淴⑤，能入圆元。若于所归立真常因，生胜解者，是人则堕因所因执。娑毗迦罗所归冥谛，成其伴侣。迷佛菩提，亡失知见。是名第一立所得心，成所归果。违远圆通，背涅槃城⑥，生外道种。

注释

①**涅槃天**：指有生死的世间和出世间。此天为五阴所覆，昏如长夜。

②**精色**：清明之色，即曙光。

③**诸类不召**：即行阴已尽，诸生类不再受果报轮转。

④**吠琉璃**：即琉璃，又称毗琉璃，是出自须弥山的一种宝。其宝青色、莹彻有光，凡物相，皆与其同色。

⑤**淴**：合也。

⑥**涅槃城**：涅槃为圣者所居，故比譬为宫城。《大智度论》卷二十云："诸法实相是涅槃城，城有三门：空、无相、无作。"

译文

"阿难，这些善男子修三摩地使行阴消尽之时，诸世间一切十二类众生迁流变化的微细动相中相通的同一根基，忽然断裂了其间相连接的极其细微的纲纽。众生在诸趣中流转受生的主体补特伽罗，其酬答宿业的命脉，其对行业的因果感应也由此断绝了。此时，在昏如长夜的涅槃天中，将要开悟大明，就像雄鸡最后一次啼叫之后，瞻望东方，曙光已经出现。六根虚静，再没有迁流变化。内外湛然明净，同归一体，入既不存在，就更没有所入。从而可以深达十方十二类众生的受命元由。观其受命之由，执其受生之本，十二类众生皆不受因果报应之召，此时，十方世界已获同一识性，犹如东方不沉的阳光，能使一切幽暗秘密之物显现出来。此则名为识阴区宇。

"如果受因果牵连的十二类众生已获得同一识性，使六根消尽，成就合开功用，那么，见与闻就失去相区别的邻界，其功用也就互通无碍了。这时，十方世界及众生的身心，就如同吠琉璃，内外明彻，此名识阴尽。此修行人则能超越"命浊"。这时再观识阴所由，乃是把本不存在的假相看作实有的颠倒妄想作为根本的。

"阿难，你应当知道，此善男子，穷研诸行而见行阴空相，而于识阴之处反本归元。此时，生灭诸行已寂灭了。然而，因识阴未尽而于此寂灭的纯真体性则未得圆满。如果能令自身六根之间合开而为一境，不见根相，又与十方诸种生类觉知相通，而使一切觉知统同混一，就能进入圆明识阴区宇。如果于此所归识阴，以为是真常归依之境而产生殊胜之解者，此人就将堕入本不是最终的归依之处而妄计为归依之境的执见之中（因所因执）。外道娑毗迦罗所归依的冥谛与此相类，可以为伴。此人由此迷惑成佛的菩提觉性，而亡失正知正见，此名第一立所得心，成所归果。识阴并非圆通真实之境，妄计归依，必然远离圆通妙心，不见涅槃成圣之城，而生外道种。

原典

"阿难，又善男子，穷诸行空。已灭生灭，而于寂灭精妙未圆。若于所归览为自体，尽虚空界十二类内所有众生，皆我身中一类流出。生胜解者，是人则堕能非能执。摩醯首罗[①]现无边身，成其伴侣。迷佛菩提，亡失知见。是名第二立能为心，成能事果。违远圆通，背涅槃城，生大慢天，我遍圆种。

注释

①**摩醯首罗**：又名莫醯伊湿代罗，译曰大自在，即外道所云自在天之主神。《涅槃论》云："于三界中所有一

切，命非命物皆是摩醯首罗天生"，即大自在天身中可现无有边际的众生之身。

"阿难，又有善男子，穷研诸行而见行阴空相。此时，生灭诸行已灭，然而，因识阴未尽，而于此寂灭的纯真体性则未得圆满。如果于所归识阴以为就是自体，认为所有虚空界十二类众生中的所有众生都是从我身中一类一类流出的，从而生殊胜之解，此人则将堕入能非能执（我能生彼众生而实则不能的执见）。自在天神摩醯首罗，自计自身现无边之身与此类同，可成其伴侣。此人由此迷惑成佛的菩提觉性，而亡失正知正见。此名第二立能为心（能造化之心），成能事果（能成造化之实果）。识阴并非圆通真实之境，如果妄计识阴能生一切，必然远离圆通妙心，不见涅槃成圣之城，而生大慢天，我体周遍一切之种。

原典

"又善男子，穷诸行空。已灭生灭，而于寂灭，精妙未圆。若于所归有所归依，自疑身心从彼流出。十方虚空咸其生起，即于都起所宣流地，作真常身无生灭解。

在生灭中，早计常住。既惑不生，亦迷生灭。安住沉迷，生胜解者，是人则堕常非常执。计自在天，成其伴侣。迷佛菩提，亡失知见。是名第三立因依心，成妄计果。违远圆通，背涅槃城，生倒圆种。

译文

"又有善男子，穷研诸行而见行阴空相。此时，生灭诸行已灭。然而，因识阴未尽，而于此寂灭的纯真体性则未得圆满。如果以所归识阴为自身的归依之处，而疑自己的身心是从此识阴中流出，进而十方虚空也皆是由此识阴生起。由此认为自身及十方虚空的共同生起之处，即识阴是真常之身，无生无灭。这种在识阴未尽，而生灭尚存之中，妄计常住，这是既对真正的不生不灭的常住之性迷惑不知，也是对处在生灭之中的识阴迷惑不知，从而安住于深沉的迷惑之中。如果以此产生殊胜之解者，此人就将堕入以非常住为常住的执见之中。此与自在天能现一切之身是相同的，可与之为伴侣。此人由此迷惑成佛的菩提觉性，而亡失正知正见。是名第三立因依心，成妄计果（即依识阴妄计常住）。识阴并非圆通真实之境，妄计识阴为常住之身，必然远离圆通妙心，不见涅槃成圣之城，而生倒圆种（即识阴周遍一切，我由识阴所生)。

原典

"又善男子，穷诸行空。已灭生灭，而于寂灭精妙未圆。若于所知，知遍圆故。因知立解，十方草木皆称有情，与人无异。草木为人，人死还成十方草树。无择遍知，生胜解者，是人则堕知无知执。婆咤霰尼^①执一切觉，成其伴侣。迷佛菩提，亡失知见，是名第四计圆知心，成虚谬果。违远圆通，背涅槃城，生倒知种。

注释

①**婆咤霰尼**：即婆咤和霰尼，二外道师名。他们主张涅槃无常，并认为草木有命。

译文

"又有善男子，穷研诸行，而见行阴空相，此时生灭诸行已灭。然而，因识阴未尽，而于此寂灭的纯真体性则未得圆满。如果以此所归识阴以为有知，其知又周遍一切，即一切法皆由此识阴之知生起，并因此立解，则十方草木皆应叫作有情而与人无异。草木可以为人，人死之后又还原成十方草树。如果以这种不分有情无情皆有知性为出发点，而生殊胜之解者，此人将堕入知无知执（即以无知而为有知的执见），婆咤和霰尼就是主张有情无情皆有觉知的，可与之为伴侣。此人由此迷惑成佛的菩提觉性，而亡失正知正见。是名第四计圆知心，成虚谬果。识阴并非圆通真实之境，如果以为识阴有知且周遍一切，必然远离圆通妙心，不见涅槃成圣之城，而生倒知种（以无知为知）。

原典

"又善男子，穷诸行空。已灭生灭，而于寂灭精妙未圆。若于圆融，根互用中，已得随顺，便于圆化一切发生。求火光明，乐水清净，爱风周流，观尘成就，各各崇事。以此群尘发作本因，立常住解，是人则堕生无生执。诸迦叶波①，并婆罗门，勤心役身，事火崇水，求出生死，成其伴侣。迷佛菩提，亡失知见。是名第五计着崇事，迷心从物。立妄求因，求妄冀果。违远圆通，背涅槃城，生颠化种。

注释

①**迦叶波**：为家族之姓，这里可能指佛弟子优楼频

螺迦叶、伽耶迦叶、那提迦叶三兄弟。据说其先人崇拜火。

译文

"又有善男子，穷研诸行，而见行阴空相。此时，生灭诸行已经寂灭。然而，因识阴未尽，而于此寂灭的纯真体性还未得圆满。如果于六根圆融，功用互通中，已得随顺之心，便能随顺心中圆融四大等一切变化。追求火的光明，欢喜水的清净，爱慕风的周流不息，观察尘土成就万物，各自随其所好而崇拜奉事。如果以此四大群尘为造作一切的本因，而作无生无灭的常住之解，此人就将堕入生无生执（即本无生而妄计能生的执见）。诸迦叶波及婆罗门等就是精勤修行身心，奉事火而崇拜水，妄图从中证得出离生死的真实圣果，与此妄计类同，可以与之为伴侣。此人由此迷惑成佛的菩提觉性，而亡失正知正见。此名第五计着崇事（即崇拜四大为造作万化之本因）。此执见使菩提觉心迷失，四大不是本因而要从中妄求万物造作之因，本无果可证而妄求真实之果。这就必然远离圆通妙心，不见涅槃成圣之城，而生颠化种（因果皆妄而颠倒生化之理）。

原典

"又善男子，穷诸行空。已灭生灭，而于寂灭精妙未圆。若于圆明，计明中虚，非灭群化。以永灭依，为所归依，生胜解者，是人则堕归无归执。无想天中，诸舜若多[①]，成其伴侣。迷佛菩提，亡失知见。是名第六圆虚无心，成空亡果。违远圆通，背涅槃城，生断灭种。

注释

①**舜若多**：佛教术语，意译曰空性。一指虚空没有实体，不可销毁；一指诸法空性。此二空名二空性。

译文

"又有善男子，穷研诸行，知见行阴空相。此时生灭诸行已经寂灭。然而，因识阴未尽，而于此寂灭的纯真体性远未得圆满。如果将此圆明的识阴区宇，妄计为虚无之境，进而想毁灭世间一切变化之物，使之永远除灭，而虚空则永为归依之所。由此生殊胜之解者，此人将堕入归无归执（以虚无为归依之所，实则并非真实归依之处的执见）。无想天中诸外道天一味穷究舍弃之道而入空灭，与此妄计类同，可与之为伴侣。此人由此迷惑成佛的菩提觉性，而亡失正见正知。是名第六圆虚无心，成空亡果（以虚空为心，以断灭为果的执见）。这就必然远离圆通妙心，不见涅槃成圣之城，而生断灭之种。

原典

"又善男子，穷诸行空。已灭生灭，而于寂灭精妙未圆。若于圆常，固身常住。同于精圆，长不倾逝，生胜解者，是人则堕贪非贪执。诸阿斯陀[①]，求长命者，成其伴侣。迷佛菩提，亡失知见。是名第七执着命元，立固妄因，趣长劳果，违远圆通，背涅槃城，生妄延种。

注释

①**阿斯陀**：意译曰无比，古仙名。此仙寿命极长，无能比者。

译文

"又有善男子，穷研诸行而知见行阴空相。此时，生灭诸行已经寂灭。然而，因识阴未尽而于此寂灭的纯真体性远未得圆满。如果于此圆常识阴区城而欲使自身坚固常住，如同圆常之性长住不死，由此生殊胜之解，此人将堕入贪非贪执（贪长生实则无长生可贪的执见）。诸阿斯陀求长寿者可与之为伴侣。此人由此迷惑成佛的菩提觉性，而亡失正知正见，此名第七执着识阴为命元，依识阴妄立坚固之因，趣长寿徒劳之果，必然远离圆通妙心，不见涅槃成圣之城，而生妄延寿命之种。

原典

"又善男子，穷诸行空。已灭生灭，而于寂灭精妙未圆。观命互通，却留尘劳，恐其消尽。便于此际坐莲华宫，广化七珍①，多增宝媛，恣纵其心。生胜解者，是人则堕真无真执。咤枳迦罗②，成其伴侣。迷佛菩提，亡失知见。是名第八发邪思因，立炽尘果。违远圆通，背涅槃城，生天魔种。

注释

①七珍：与七宝同。

②咤枳迦罗：三魔之一的天魔，意为三界结缚。此天魔统摄欲界第六天，作种种障碍，使人不能成就超越三界生死的修行。

译文

"又有善男子，穷研诸行，而知见行阴空相。此时，生灭诸行已经寂灭。然而，因识阴未尽，而于此寂灭的纯真体性还未得圆满。如果观此识阴命元互通，以为尘劳消尽，命无即断。为了留住尘劳，恐其消尽，故于此时坐莲华宫中，广化七宝，多增美女，放纵其心，由此生殊胜解者，此人必堕真无真执（以识阴命元为真主宰，实则非真的执见）。咤枳迦罗结缚三界，破坏超越三界的修行，与彼妄留尘劳相同，可以与之为伴侣。此人由此迷惑成佛的菩提觉性，而亡失正知正见，此名第八发邪思因，立姿纵尘劳果，必然远离圆通妙心，不见涅槃成圣之城，而生天魔种。

原典

"又善男子，穷诸行空。已灭生灭，而于寂灭精妙未圆。于命明中，分别精粗，疏决真伪。因果相酬，唯求感应，背清净道。所谓见苦断集，证灭修道。居灭已休，更不前进。生胜解者，是人则堕定性声闻[①]。诸无闻僧，增上慢者，成其伴侣。迷佛菩提，亡失知见。是名第九圆精应心，成趣寂果。违远圆通，背涅槃城，生缠空种。

注释

①**定性声闻**：即只能证此乘最高道果阿罗汉，不会再有增进。

译文

"又有善男子，穷研诸行，而知见行阴空相。此时，生灭诸行已经寂灭。然而，因识阴未尽，于此寂灭的纯真体性还未得圆满。如果于此识阴受命发明中分别精粗，疏决真伪，就发现精粗真伪皆是因果感应的对应酬答。此时，如果唯求感应，必然去苦修实证，以便速超三界，这就背离了清净之道，这就是所谓的断苦集之因，修灭苦集之道。当灭道修成，更不思前进。由此生殊胜解者，此人必将堕入定性声闻乘中而成纯阿罗汉。那些稍得功用就以为证得圣果的无闻比丘及未证得圣道而自谓证得圣果的增上慢者，与此相类，可以与之为伴侣。此人由此迷惑成佛的菩提觉性，而亡失正知正见。此名第九圆满专求感应之心，成趣向寂灭之果。这必然远离圆通妙心，不见涅槃成圣之城，而成缠空之种（为空所缚）。

"又善男子，穷诸行空。已灭生灭，而于寂灭精妙未圆。若于圆融清净觉明，发研深妙，即立涅槃而不前进。生胜解者。是人则堕定性辟支。诸缘独伦不回心者，成其伴侣。迷佛菩提，亡失知见。是名第十圆觉滃心，成湛明果。违远圆通，背涅槃城，生觉圆明不化圆种。

译文

"又有善男子，穷研诸行，知见行阴空相。此时，生灭诸行已经寂灭。然而，因识阴未尽，于此寂灭的纯真体性还未得圆满。如果于此圆融清净的识阴区宇，发心研究深妙之悟，并以此所悟即认为是证得涅槃，而不再思前进。由此生殊胜之解者，此人将堕入定性辟支佛境。诸缘觉声闻等不再回心向佛者成其伴侣。此人由此迷惑成佛的菩提觉性，而亡失正知正见，是名第十圆融清净之心，成涅槃湛明之果。必然远离圆通妙心，不见涅槃成圣之城，而生果德圆满，不再化悟圆通之种。

原典

"阿难，如是十种禅那，中途成狂。因依迷惑，于未足中，生满足证。皆是识阴用心交互，故生斯位。众生顽迷，不自忖量，逢此现前，各以所爱先习迷心，而自休息。将为毕竟所归宁地，自言满足无上菩提。大妄语成，外道邪魔所感业终，堕无间狱，声闻缘觉不成增进。

"汝等存心，秉如来道。将此法门，于我灭后，传示末世，普令众生觉了斯义。无令见魔，自作沉孽。保绥哀救，消息邪缘。令其身心入佛知见，从始成就，不遭歧路。如是法门，先过去世恒沙劫中，微尘如来，乘此心开，得无上道。

"识阴若尽，则汝现前，诸根互用。从互用中，能入菩萨金刚干慧①。圆明精心，于中发化。如净琉璃，内含宝月。如是乃超十信②、十住③、十行④、十回向⑤、四加行心⑥。菩萨所行金刚十地⑦，等觉圆明，入于如来妙庄严海。圆满菩提，归无所得。此是过去先佛世尊，奢摩他中毗婆舍那，觉明分析微细魔事。

"魔境现前，汝能谙识。心垢洗除，不落邪见。阴魔销灭，天魔摧碎。大力鬼神，褫魄逃逝。魑魅魍魉，无复出生。直至菩提，无诸少乏，下劣增进，于大涅槃心不迷闷。

"若诸末世愚钝众生，未识禅那，不知说法，乐修三昧，汝恐同邪，一心劝令持我佛顶陀罗尼咒⑧。若未能诵，写于禅堂，或带身上，一切诸魔所不能动。汝当恭钦十方如来，究竟修进最后垂范。"

注释

①**干慧**：指干慧地，是声闻、缘觉、菩萨三乘十地的第一地。其十地是干慧地、性地、八忍地、见地、薄地、离欲地、已办地、辟支佛地、菩萨地、佛地。干者干燥，即智慧尚未淳熟。

②**十信**：菩萨修行的第一个十阶位，即信心、念心、精进心、慧心、定心、不退心、护法心、回向心、戒心、愿心。

③**十住**：菩萨修行的第二个十阶位，即发心住、治地住、修行住、生贵住、方便具足住、正心住、不退住、童真住、法王子住、灌顶住。

④**十行**：菩萨修行的第三个十阶位，即欢喜行、饶益行、无嗔行、无尽行、离痴乱行、善现行、无着行、尊重行、善法行、真实行。

⑤**十回向**：菩萨修行的第四个阶位。回向，即以大

悲心救护一切众生。十回向即救护一切众生离众生相回向、不坏回向、等一切佛回向、至一切处回向、无尽功德藏回向、随顺平等善根回向、随顺等观一切众生回向、真如相回向、无缚解脱回向、法界无量回向。

⑥**四加行心**：是大乘法相宗在菩萨修行的五十二阶位中又加进去的四种行位，又称四善根，是明得定、明增定、印顺定、无间定四种禅定所得的四种功德。它们分别是煖（暖）、顶、忍、世第一法。

⑦**金刚十地**：即菩萨所行十地，为菩萨修行的第五个十阶位，一般指欢喜地、离垢地、发光地、焰慧地、极难胜地、现前地、远行地、不动地、善慧地、法云地。

⑧**咒**：佛教把潜心佛法，一心不乱即可有神异效应者称咒，又称咒陀罗尼。

译文

"阿难，如上十种禅那未及圆通而在中途各起狂解，又依此迷惑之解，于未得足证之中而生满足，这都是识阴与定心交互作用时，识阴所生狂解所示现的种种邪悟。众生迷顽，不自思量，逢此种种邪悟显前，各以其所爱邪种及先前不正确的修习，从而迷失本心，就此修止，以为是毕竟所归依的安宁之地，并自言满足了无上菩提。

此大妄语成，外道邪魔所感应的业果也就终结了，从而堕无间地狱，声闻缘觉也不会再有增进。

"你们要存如来大悲之心，秉持如来自觉觉他之道，将此辨析邪魔的法门于我去世之后，传示于末法时期，令一切众生都彻悟此义，使他们不被邪魔所着而自作深重孽行。安保哀救之心，销息诸种邪缘，使其身心入证佛的知见。从一开始就直往成佛之道，而不入歧途。先前，在过去世，在如同恒河沙那样无量的劫数中的无数如来都是依此法门使心开悟而证得无上道果的。

"如果识阴已尽，则你表露出来的诸根就相互融通而成为一境。一根中皆兼有其他五根而功用互通，从此功用互通中就能进入菩萨修行的第一个阶位金刚干慧地。此时，知见之心通照无边，于中生发出更高阶位的神通，就如同清净透明的琉璃，内中包含着宝月。这样，就可超越十信、十住、十行、十回向、四加行心。这时，菩萨所行金刚十地所获得的无上正等正觉也就达到了它的最高境界，从而进入如来具足万德的妙庄严海，使菩提觉性圆满，归入无所得境。这是过去先佛世尊，在观察中对细微魔事所做的清晰明确的分析。

"如果魔境显现，你能深知其中情由，自然心垢除尽而不落入邪见。既然诸阴邪魔之悟消灭，天魔的侵扰就被粉碎，大力鬼神丢魂丧魄，逃之夭夭；魑魅魍魉也从此不再复生，从而直达菩提觉心。诸种修行无一缺乏，声闻缘觉等下劣众生皆可增进至大涅槃而心不迷闷。

"如果诸末法时期愚昧的众生，不识禅那修行，不知如何说法，而又喜欢修行三昧。你恐怕他们走入邪道，应一心一意劝说他们持诵我的佛顶陀罗尼咒，如果不能背诵，就书写在禅堂之中，或携带在身上，这样，一切诸魔就无法动挠。你应当恭敬承奉十方如来的究竟修进，此修进为众生最后树立了榜样。"

原典

阿难即从座起，闻佛示诲，顶礼钦奉。忆持无失，于大众中，重复白佛："如佛所言，五阴相中，五种虚妄，为本想心。我等平常，未蒙如来微细开示。又此五阴，为并销除，为次第尽。如是五重，诣何为界？唯愿如来发宣大慈，为此大众清明心目，以为末世一切众生作将来眼[①]。"

佛告阿难："精真妙明，本觉圆净，非留死生，及诸尘垢，乃至虚空，皆因妄想之所生起。斯元本觉妙明精真，妄以发生诸器世间。如演若多，迷头认影[②]。妄元无因，于妄想中，立因缘性。迷因缘者，称为自然。彼虚空性，犹实幻生。因缘自然，皆是众生妄心计度。

"阿难，知妄所起，说妄因缘。若妄元无，说妄因缘元无所有。何况不知，推自然者。是故如来与汝发明，五阴本因，同是妄想。

注释

①**将来眼**：从经文内容理解，此眼指五眼中的法眼，即菩萨所具有的智慧之眼。

②**演若多，迷头认影**：演若多即演若达多，人名，意译祠授，因祭祠天而得子，佛教故事中的人物。迷头认影，是说演若多不识自己的头是真实的，而把镜子中的头影认为是真实的。

译文

此时，阿难从座位上起立，听闻佛的教诲，并向佛顶礼以表示钦奉佛的教旨。为了忆念执持佛的法门无漏无失，阿难在大众中再次对佛言说："如佛所说的五阴所表现的种种邪悟，是以五种虚妄为根本想心，我们平时未曾蒙受如来做微细开示。另外，此等五阴是一起消除，还是一个一个渐次消尽；五阴相互关连，何处是它们的边界？唯愿如来，发宣大慈之心，为我们大家详示此中道理，以使我们的心目清净明亮，并为末法时期的一切众生提供一副智慧的眼目。"

　　佛告诉阿难说："纯真不变之体通照圆融，本觉明心圆满清净，不容有任何生死及一切尘垢存在其中，甚至包括虚空。因为这些色相皆是妄想所生起的。这些色相本来是缘于本觉妙明真体，是不存在的，是妄想产生的世间的各种形器。就好像演若多，其头本是真实的，而迷悟不识，而把镜中的影子认为是真实的。这些妄想所产生的各种形器本来是没有根据的，是妄想中成立的因缘假相，因迷不自识，而以此因缘假相谬称为自然存在。彼虚空之性尚且是幻生出来的并非真实的存在，而因缘自然就更是众生妄想之心的颠倒计度。

　　"阿难，如果你能知道妄计有所起之处，可以说妄想是因缘所生。如果妄想本就没有所起之处，说妄想为因缘所生原本就是虚无而并非实有。何况那些连因缘也不了解的人，只好把妄想所产生的各种形器推认为自然所生了。正因为这样，如来为你们阐明五阴的本因皆是依妄想而立。

原典

　　"汝体先因父母想生。汝心非想，则不能来想中传命。如我先言，心想醋味，口中涎生。心想登高，足心酸起。悬崖不有，醋物未来。汝体必非虚妄通伦，口水如何因谈醋出？是故当知，汝现色身，名为坚固第一妄想。

"即此所说临高想心，能令汝形，真受酸涩。由因受生，能动色体。汝今现前顺益违损，二现驱驰，名为虚明第二妄想。

"由汝念虑，使汝色身。身非念伦，汝身何因，随念所使，种种取像，心生形取，与念相应。寤即想心，寐为诸梦。则汝想念，摇动妄情，名为融通第三妄想。

"化理不住，运运密移，甲长发生，气消容皱，日夜相代，曾无觉悟。阿难，此若非汝，云何体迁；如必是真，汝何无觉？则汝诸行，念念不停，名为幽隐第四妄想。

"又，汝精明湛不摇处，名恒常者。于身不出见闻觉知。若实精真，不容习妄，何因汝等，曾于昔年睹一奇物，经历年岁，忆忘俱无？于后忽然覆睹前异，记忆宛然，曾不遗失，则此精了，湛不摇中，念念受熏，有何筹算？

"阿难，当知此湛非真，如急流水，望如恬静，流急不见，非是无流。若非想元，宁受妄习？非汝六根互用合开，此之妄想，无时得灭。故汝现在见闻觉知，中串习几①，则湛了内罔象②虚无。第五颠倒细微精想。

"阿难，是五受阴，五妄想成。汝今欲知因界浅深。唯色与空，是色边际。唯触及离，是受边际。唯记与忘，是想边际。唯灭与生，是行边际。湛入合湛，归识边际。

"此五阴元，重叠生起。生因识有，灭从色除。理则顿悟，乘悟并消。事非顿除，因次第尽。我已示汝劫波巾结③，何所不明，再此询问？

"汝应将此妄想根元，心得开通，传示将来末法之中诸修行者，令识虚妄，深厌自生。知有涅槃，不恋三界。

注释

①**习几**：习，习气，习惯；几，微细。此云见闻觉知中能受熏习的微细种子。

②**罔象**：似实而无的假相。

③**我已示汝劫波巾结**：即该经卷五云："如来取劫波罗天（夜摩天）所奉华巾，于大众前绾成一结。……如是伦次绾叠华巾，总成六结，一一结成……"以此说明"同中生毕竟异"之义。

译文

"你的身体，先是因为父母动爱想之心而生，但是，如果自己没有想心，你就不能与父母的想心相合，从而来到胎中续传命根。如同我已说过的那样，心中想到酸味，口中就生口水；心中想着登高，足心就产生酸涩的感觉。悬崖并不存在，醋物也没有拿来，而你的身体又必定不是与虚妄同为一类，那么，为什么口水会因为谈酸而生出呢？由此应当知道，你现在的色身名为坚固第一妄想。

"即如上面所说，当有登高想心时，能使你的形体真的感受到酸涩的感觉。因为有妄想之因而产生受心，并能触动色体。这种显现在你眼前的顺益受（乐受）、违损受（苦受）和两种受心相互驱驰（不苦不乐受）的现象名为虚明第二妄想。

"由你的一念思虑可以指使你的色身，而你的色身与你的思念并非一类，为什么你的色身可以随着你的思念的指使而产生种种变化？心生一念，而色身则随着思念而取像，与念相应。醒的时候即是心想，而睡着的时候则是梦想。你的想念就是这样一种动摇不定的虚妄之情，名为融通第三妄想。

"变化之性是不停顿的，是在念念之中不知不觉地缓慢地迁移变动着，就如指甲长长，头发生长，壮气渐消，面容渐皱一样，是在日以继夜地进行着，人们在念念之中不曾觉知。阿难，此变化之身若非你身，为什么你的身体会有迁变；如果此变化之身必是你的真身，其迁流变化你为何无有感觉？这是因为你身上的诸种迁流变化是在念念之中不知不觉地进行着。此名幽隐第四妄想。

"又，如果你的诸想已尽，身心如同湛然明净之体，不为任何浮想所干扰而精纯如一，名为恒长。此时，于自身中不再有见闻觉知。如果纯真恒长之性真的是不容有习妄之事，为何你们在以往的年代曾目睹一奇异之物，经过数年之后已忘得干干净净？后来，忽然又重新看见此异物时，以往看见此物的情景又历历在目，不曾遗忘，这是此纯真恒长之性于湛然不动之中，似乎已忘却了一切，实则于念念之中所受熏习不曾有刹那间歇，这种熏习其头绪之多是无法筹算的。

"阿难，你应当知道，此湛然明净之体并不是真常之性，如同急流之水，看上去十分恬静，不见流水之急，实际上并不是没有流动。如果此湛然之体不是妄想之元，怎么能接受妄习呢？只有当你的六根根隔消除，合开为一，功用互通之时，不然，此妄想就没有消灭之时。因此，你现在的见闻觉知，其中贯穿着受熏习的微细种子，这样，此湛然不动实际上是一种虚无的假相，此名第五颠倒细微精想。

"阿难，如上五种受阴皆是妄想所成。你现在想知道五阴相互关连的界限的浅深，我告诉你：唯有色和空是色阴的边际；唯有触和离是受阴的边际；唯有记和忘是想阴的边际；唯有灭和生是行阴的边际；湛然不动之体无一念而入，内外通明，就归于识阴边际。

"此五阴元本是重叠生起，其生起皆是因识而有，其灭亡则是从色除识尽而来。从道理上讲，破除五阴可以顿悟，只要彻悟了达五阴为妄想所生就可顿消颠倒之想。然而，修断五阴之事，却不是一时能够顿除的，需要五阴一个一个逐渐破除。我已拿劫波罗天所奉上的华巾，绾成六个结，向你说明了六结虽然同出一巾，但结与结并不相同的道理。你有什么不明白的，为什么还要再次询问？

"你应当将此五阴产生的根元，即皆是妄想所现，从心中了悟通达，并传示于将来的末法时期，使诸修行之人，皆能识其虚妄，从而深厌产生妄想的自己的生身。五阴已尽，涅槃真体现前，安行圣道，不再留恋三界。

原典

"阿难，若复有人，遍满十方所有虚空，盈满七宝，持以奉上微尘诸佛，承事供养，心无虚度。于意云何，是人以此施佛因缘，得福多不？"阿难答言："虚空无尽，珍宝无边。昔有众生，施佛七钱，舍身犹获转轮王①位，况复现前虚空既穷，佛土充遍，皆施珍宝。穷劫思议，尚不能及，是福云何，更有边际？"

佛告阿难："诸佛如来，语无虚妄。若复有人，身具四重②、十波罗夷③，瞬息即经此方、他方阿鼻地狱，乃至穷尽十方无间，靡不经历。能以一念将此法门，于末劫中开示末学。是人罪障，应念销灭，变其所受地狱苦因，成安乐国。得福超越前之施人，百倍千倍，千万亿倍，如是乃至算数譬喻所不能及。

"阿难，若有众生，能诵此经，能持此咒。如我广说，穷劫不尽。依我教言，如教行道，直成菩提，无复魔业。"

佛说此经已，比丘、比丘尼、优婆塞、优婆夷，一切世间天人、阿修罗，及诸他方菩萨、二乘、圣仙、童子，并初发心大力鬼神，皆大欢喜，作礼而去。

注释

①**转轮王**：又称转轮圣王，轮王，古印度神话中的圣王。此王身具三十二相。其生时，由天感得轮宝，转其轮宝可以降服四方。此王包括金、银、铜、铁四王，各有相应的金属制轮宝。

②**四重**：即四重罪，又称四波罗夷，指淫罪、盗罪、杀生罪、大妄语罪。是小乘的四重罪。

③**十波罗夷**：是大乘所讲的十重罪，即杀、盗、淫、妄语、酤酒、说四众过、自赞毁他、悭吝加毁、嗔心不受悔、谤三宝。

译文

"阿难，如果还有人，使遍满十方一切的虚空皆充满七宝，并持之以供奉微尘数诸佛，心中十分虔诚。你以为此人因为有此施供会得到多少福报？"阿难回答说："虚空是无尽的，珍宝也是无边际的。过去，有一众生，仅施佛七钱，在舍身之后就获得转轮王位，何况现在穷尽一切虚空，充遍佛土皆施珍宝，我穷尽劫数进行思量，尚不能及其分量，其福报之多，何能用有边际来说呢？"

佛告诉阿难："诸佛如来所说的话是不虚妄的。如果有人身具杀盗淫妄四重罪和十种恶行，转瞬之间就堕入此方、他方的阿鼻地狱，乃至穷尽十方的一切无间地狱他都要经历。就是这样的大罪之人，如果能起一念，将我的这个法门，于末劫之中开示于末学，此人的罪孽将随着此念的生起而消除，其所遭受地狱苦的罪因也将转变成安乐国土。其人所得之福将超过他之前向诸佛施财人的百倍千倍，千万亿倍，如是乃至用数字计算或譬喻都无法表达的倍数。

"阿难，若有众生能够持诵此经，能够持诵此咒，像我一样向广大众生宣扬此经，穷其一生而无止尽，并依照我的言教，如实地进行自利利他的修行，就会直接成就菩提，而不会再遭魔业。"

　　佛宣说完此经之后，在座的比丘、比丘尼、优婆塞、优婆夷，一切世间的天人、阿修罗，以及诸他方的菩萨、二乘、圣仙、童子，并初发心向佛的大力鬼神，皆大欢喜，向佛礼拜之后而各自归去。

源

流

《楞严经》是唐中宗神龙年间翻译成汉文的。这部经译出之后虽有许多争议，但对中国佛教所产生的影响却是很难磨灭的。

　　《楞严经》是一部大乘佛教的单译经。从历代佛经目录关于大乘经的分类看，《楞严经》不属于般若、宝积、大集、华严、涅槃这五大部中的任何一类，也与《法华》《维摩》《胜鬘》及菩萨一类的大乘经有区别，因此，被划入大乘密部经类。笔者认为这样的分类未必十分公允，因为《楞严经》对中国佛教的实际影响并不在于它的密教的内容，而是它的关于诸法实相、如来藏性、万法一心等与诸多大乘显教的学说相同或相通的思想。这些佛教思想并非大乘密部经的特色。然而，在《楞严经》中确实有着反映大乘密教思想的内容。

在《楞严经》的卷七中，几乎用了全卷的文字，讲述了如何建立道场，如何诵念神咒的种种规则和礼仪，还宣示了一篇长达二千七百余字的神咒咒文，宣讲了神咒的种种法力等。毫无疑问，这完全是属于密教的内容。从这个意义上说，历代佛经目录学家把《楞严经》归入大乘密部是有着一定的道理。《楞严经》中的密教内容，说明这部经与印度密教的产生和发展有着直接关系。这对我们了解《楞严经》的形成有着重要的意义。

研究表明，印度佛教发展到六世纪至七世纪时期逐渐密教化，七世纪初形成为有组织的信仰，到七世纪中叶以后则成为印度佛教具有主导地位的教派。密教的形成有一个历史过程，它是通过从早期带有相当浓厚的民间信仰形式的所谓杂密阶段，逐渐发展并形成为具有系统信仰形态的佛教密教。在中国佛教的发展史上，早在东晋时代（公元三一七——四二〇年），就有诸如《大孔雀王神咒经》《孔雀王杂咒经》《陀罗尼钵经》等属于佛教杂密经典的译介。

到了我国的中唐时代，即七世纪下半叶至八世纪，正值印度密教的成熟和发展时期，所以此时来华的印度僧人也以极大的兴趣和努力，翻译了一批印度密教的经典，这就是为唐代密宗的建立奠定基础的《大日经》《金刚顶经》等。而《楞严经》就是在这一历史背景下问世的一部大乘经。正如上面所述，笔者不大同意《楞严经》是一部密教的经典，但它确实又包括了一卷有着从设坛、诵咒仪轨、咒文和宣示神咒法力等系统密教内容的经文。这说明这部经是受到了密教思想的影响，而且是较为系统的影响。

根据以上的历史背景，我们至少可以得出这样的结论，即《楞严经》比起大多数大乘经来说，是一部较为晚出的大乘经，它的问世的最早年代当在七世纪初叶印度密教形成的时代，因为这一时期印度密教才有了比较系统的体系；最晚也不能晚于七世纪末，因为八世纪初《楞严经》已被翻译成汉文，并开始在中国流行。

正因为《楞严经》是一部较为晚出的经典，所以它在内容方面就显得十分丰富和庞杂，具有明显的兼容并蓄的思想特点。它既有《般若经》诸法性空的思想；也包含有《华严经》所提出的十方诸佛、三界唯心以及十地等菩萨修行的种种十法阶位的思想；还包括了《法华经》诸法实相、开权显实的思想；也有《涅槃经》的关于佛性的学说，以及禅定、律仪、诵咒等大乘佛教关于修行方面的丰富内容等。然而，在大乘佛教的诸多经典中，《楞严经》到底跟哪些经典更接近，或者说它的直接源头到底在哪里？这是一个很难说清楚的问题。正因为如此，《楞严经》就成为一部有争议的经典，甚至出现了关于它是一部伪经的长达千余年的争论。

《楞严经》至今未见梵文原本，在印度佛教史上也不曾留下它的痕迹。但是，自它译成汉文并在中国流行之后，却对中国佛教产生了影响。这种影响可以说是它的流。这种流可概括为两方面的内容：一是为唐以后各宗各派所共同接受，成为佛门必读的要典；一是研究注释《楞严经》的著述自唐迄今层出不穷，不可胜记。

《楞严经》以其丰富的思想内容，以及在佛教理论和修行两方面的具体阐述，成为唐以后中国佛教各宗的思想依据之一，并为各宗所重视。它的直显真实心的思想成为中国禅宗直指人心、顿悟成佛思想的经典根据之一；它的于一毛端现宝王刹、圆融无碍的思想又与中国华严宗的无碍缘起的思想十分接近；而天台宗的止观学说及三谛圆融的思想也可以在《楞严经》中找到根据；中国法相宗所讲的八识阿赖耶识，在《楞严经》中也多有阐述；至于律宗、净土宗以及密宗都可以在《楞严经》中找到自己的根据。

因此，吕澂先生才有"贤家据以解缘起，台家引以说止观，禅者援以证顿悟，密宗又取以通显教"的论议。在佛教寺庙中，不管是比丘，还是比丘尼，每当早课的时候，都要背诵《楞严经》中那长达两千余字的神咒。这是中国僧人的必修课，从明清时代开始，至今仍然没有丝毫的动摇。

对历代佛经的疏注家们来说，《楞严经》被他们视为佛门宝典。因此，疏注《楞严经》就成为他们"福德尤大"、穷毕生精力从事的事业①；历代注疏《楞严经》的著作也因此而特别多，其数量之大，在大乘经中只有《金刚经》《心经》《妙法莲华经》等少数著名经典可以与之相比。下面仅根据《大佛顶楞严蒙抄·古今疏解品目》，为读者提供一个唐至明代疏注《楞严经》的书目，以此概见一般。

（一）唐惟悫《楞严经玄赞》三卷。

（二）唐慧震《楞严经科判》。

（三）唐弘沇《楞严经疏》。

（四）唐道峣《楞严说文》（此书不传）。

（五）五代延寿《宗镜录》。此书集录大乘经论、诸家语录撰成，其中多取证于《楞严经》。

（六）宋崇节《楞严经撰删补疏》。

（七）宋灵光、洪敏《楞严经证真钞》。

（八）宋子璿《首楞严义疏注经》二十卷。

（九）宋晓月《楞严经标指要义》。

（十）宋咸辉《楞严经义海》三十卷。

（十一）宋智圆《楞严经疏》十卷。

（十二）宋智圆《楞严经谷响钞》十卷。

（十三）宋仁岳《楞严经集解》十卷。

（十四）宋仁岳《楞严经熏闻记》五卷。

（十五）宋怀坦《楞严经集注》十卷。此书所集包括神智《补注》、竹庵《补遗》、北逢《解题》诸书。

（十六）宋慧洪《尊顶法轮》十卷。

（十七）宋正受《楞严合论补》。

（十八）宋王安石《首楞严疏义》。

（十九）宋张无尽《楞严海眼经》。

（二十）宋戒环《楞严经要解》十卷。

（二十一）元明本《楞严征心辨见或问》一卷。

（二十二）元惟则《大佛顶首楞严经会解》十卷。

（二十三）明净行《楞严广注》十卷。

（二十四）明普泰《楞严管见》。

（二十五）明德清《首楞严经悬镜》一卷。

（二十六）明德清《首楞严经通议》十卷。

（二十七）明真可《楞严解》一卷。

（二十八）明洪恩《雪浪楞严解》一卷。

（二十九）明袾宏《楞严摸象记》一卷。

（三十）明界澄《首楞严经新疏》十卷。

（三十一）明镇澄《首楞严经正观疏》十卷。

（三十二）明殷迈《荣木轩赘言》一卷。

（三十三）明管志道《楞严质问》一卷。《荣木轩赘言》论楞严要义，管著书质疑。

（三十四）明曾凤仪《楞严宗通》。

（三十五）明真鉴《大佛顶首楞严经正脉疏》十卷。

（三十六）明传灯《首楞严经玄义》二卷。其师百松著有《楞严百问》。

（三十七）明传灯《首楞严经会解圆通疏》十卷。

（三十八）明智旭《大佛顶首楞严经玄义》二卷。

（三十九）明智旭《大佛顶首楞严经文句》十卷。

（四十）明钟伯敬、贺中男《楞严如说》十卷。

注释

①清钱谦益《大佛顶楞严蒙抄》卷首前文《佛顶蒙钞目录后记》，清光绪十五年（公元一八八九年）苏城玛瑙经房藏版。

解说

正如笔者在本书开始的《题解》一文中所述,《楞严经》是一部自译出之后,就被一部分佛教学者斥为"伪经"的佛教典籍。然而,就是那些坚持"伪经"说的佛学大师们,也承认《楞严经》在佛门中"流行尤遍"①,影响甚众。那么,《楞严经》为什么会有如此巨大的影响呢?归根到底还在于《楞严经》所宣讲的佛教理论包含着极其丰富的内容,它适合唐以后中国佛教发展的需要,从而才为各宗各派所共同接受。这也如同太虚大师所说:"吾别有论,尝谓震旦佛法,纯一佛乘,历代宏建,不出八宗,曰少林,曰庐山,曰南山,曰开元,曰天台,曰清凉,曰慈恩,曰嘉祥。约其行相别之,则禅、净、律、密、教是也。然一部中兼该禅、净、律、密、教五,而又各各专重,各各圆极,观之诸流通部,既未概见,寻之一大藏教，盖亦希有。故唯本经（即《楞严经》）最得通量。虽（遂）谓震旦所宏宗教，皆信解本经，证入本经者可也。"②

《楞严经》是一部内容十分丰富且体系庞杂的大乘经，在它所构筑的大乘佛学的体系中，几乎涉及佛教理论中的所有概念。在佛教大藏经的分类中，一般把《楞严经》归入"秘密经"，这是因为在此经卷七的经文中，有建立坛室和宣说神咒的大段文字，以及长达二千七百余字的"楞严咒"文。实际上，《楞严经》中密教的内容并不占主导地位。

《楞严经》共十卷，约七万余言。按照注家的观点，全经内容可划分为三部分：第一部分称"经序分"，起自经首"如是我闻"至"提奖阿难及摩登伽归来佛所"一段，即卷第一开始的一段；第二部分称"经宗分"，即宣讲经义的正文，紧接经序，起自"阿难见佛顶礼悲泣，恨无始来……"至卷第十将完的"传示将来末法之中诸修行者……知有涅槃，不恋三界"；第三部分称"经益分"，又称"流通分"，即全经的结束语，指经文的最后一段。这段经文说，能持此经并广说此经者就可"直成菩提"而受益无穷。"经序分"和"经益分"两部分内容，文字很少，一目了然。"经宗分"则是全经的主体，内容比较庞杂，因此本文想分作两部分介绍：一部分是谈全经的内容梗概，即按卷略述经文内容；第二部分想概略地谈谈该经所提出的主要佛教思想。

经文的第一卷，包括经序部分，这部分内容在有的经疏著作中称"首楞严会"，即佛在祇桓精舍与众比丘及"无量辟支无学"举行法会，演说"深奥"佛法。阿难外出没有参加而遭摩登伽女的大幻术，佛以神咒护持救回佛所。阿难悔恨自己"未全道力"而请佛指示修行止观及禅那的"最初方便"。佛通过与阿难的问答，开始说法，自此进入"经宗分"的正文部分。

在正文的开始，佛提出了一个基本观点，即众生"生死相续，皆由不知常住真心性净明体，用诸妄想，此想不真，故有轮转"。由此出发，佛为了破妄显真，七次问阿难识心"今何所在？"但阿难的七次回答，如回答在身内、在身外、在眼根内，或同时在内在外等都遭到佛的驳斥。这就是所谓"七处征心"。然后，佛为众生明解两种根本，即"无始生死根本"和"无始菩提涅槃"。前者为妄，是众生眼耳等六根产生的妄识；后者即常住真心。众生因不明此两种根本，其修行就如同"煮沙欲成嘉馔"。在第一卷的最后和第二卷的开始，佛以种种比喻，如拳头的开合、肉身的变皱、恒河水的长流不息等来开示不生不灭、不失不还、不杂无碍、不分超情的常住真心之体，称"十番显见"。众生所以不能识妄归真，皆是由妄见造成，所以佛又进一步分析了两种妄见，即别业妄见和同分妄见。别业妄见就是如同一个生眚病的人见月亮是两个一样，是发生在某一人或某一事上的妄见；同分妄见即大家共同的妄见。进而，佛指出众生所在世间的一切妄识尘境，包括五阴、六入、十二处到十八界，它们都是"因缘和合，虚妄有生；因缘别离，虚妄名灭"，它们本是如来藏妙真如性所显。

在第二卷的最后部分和第三卷中，佛为与会大众逐个解说五阴、六入、十二处以及十八界等皆是虚妄不实的道理。进而，又解说地、水、风、火、空、见及识等"七大"，也皆是"识心分别计度，但有言说，都无实意"的道理，并指出"父母所生之身"，就如同虚空中的微尘，"若存若亡"；如同大海中漂浮的水花，"起灭无从"，只有本觉妙心才是"常住不灭"的。

在经文的第四卷中，佛首先以富楼那的发问为因，即"一切根、尘、阴、处、界等皆如来藏清净本然，云何忽生山河大地诸有为相？"讲述了四大产生，宇宙形成，"世界相续""情想合离，更相变易……众生相续""贪爱同滋"，生杀盗淫，以成"业报相续"。此三种颠倒相续皆"从妄而生""是因迷有""性毕竟空"。这即是苦集灭道四谛之理。进而，指出此毕竟空相皆为如来藏所显。如来藏本觉明心遍十方界，含藏十方无尽虚空，是一切，又不是一切。佛还以演若达多迷头为喻，指出此如来藏心即自性菩提。

在卷四的后半部分，佛明确指出，虽然得知菩提，但要证得菩提涅槃，就如同虽得大宅华屋，还要因门而入。因此又宣示了"妙行"之路。由此引发出发初觉心的"二决定义"：一称修因同果，即首先要审观因地（即发心的根据）而发心。按照现在的话说，就是对症下药。由此讲到由四大构成的五重浑浊，即劫浊、见浊、烦恼浊、众生浊、命浊。这就是生死根本，只有依不生灭为因，才能圆成果地。第二称解结从根，即要知道颠倒在何处，以及颠倒产生的根本所在，从而循根解结。这一根本就是六根，被称为"六为贼媒，自劫家宝"。而后则指出六根的"功德"，指出一切世间及出世间法无不包容在六根之中，只要能一门深入，就将使六根清净。再说六根"受用"，即因色成见，因声成闻，因香成嗅，因味成尝，因触成觉，因法成知。此六根互相为用，诸根拔除，诸世间变化之相也就销融。

卷第五与卷第四的内容相连接。开始，佛应阿难所问"云何是结，从何名解"回答说："使汝轮转生死结根，唯汝六根"；"汝复欲知无上菩提……亦汝六根"。然后，佛取出一华巾，当众顺次结成六个结，说明六结虽同为一巾所造，但毕竟不同，不能相混；而结总解，即无彼此，但解结必次第进行。解除六根结根也是这样。而后，佛问大众："最初发心悟十八界，谁为圆通；从何方便，入三摩地?"这就引出陈那"音声为上"、优婆尼沙陀"色因为上"、香严童子"香严为上"、药王"味因为上"……阿那律陀以眼根为"第一"，周利槃特迦以鼻根为"第一"，以至舍利弗以眼识为"第一"，富楼那以舌识为"第一"，乌刍瑟摩以火大为"第一"，大势至以根大为"第一"等，共计二十五种不同的回答。这就是卷第五至卷终的内容。

卷第六与卷第五相接，由观世音菩萨回答佛问。观世音菩萨因其所获得的道果，使他上合十方诸佛本妙觉心，下合一切六道众生"同一悲仰"，从而能显示三十二种应身。此卷一一解说了观世音为解救众生所显示的三十二种身相，即：菩萨等四乘圣身；梵王等七天身；人王、长者等十二国人身；天众、龙众等九众。同时，经文还解说了观世音能令众生"于我身中获十四种无畏功德"，比如能使"十方苦恼众生，观其音声即得解脱""众生设入大火，火不能烧"等及观世音具有的"四不思议无作妙德"等。最后，观世音以耳根是入三摩地的方便第一，回答了佛问。

在卷六的最后部分，佛又宣说了"安立道场，救护众生"的三决定义，即摄心为戒，因戒生定，因定发慧的意义。首先要持戒，即经文讲的"四种律仪"：断淫、断杀、断盗、断妄。

卷第七中包含着密教的内容。此卷开始，佛告诉阿难，持四种律仪就可使身心"皎如冰霜，自不能生一切枝叶"。如果持四种律仪还不能灭除宿习，就要一心诵念"我佛顶光明摩诃萨怛多般怛啰无上神咒"一百八十遍。然后建立道场，求"十方现住国土无上如来，放大悲光来灌其顶"。因此，此卷中佛应阿难所问，详细讲述了建立道场和进行诵咒的礼仪，宣示了长达二千七百余字的神咒，以及神咒对诸佛和诸众生分别具有的十种无上法力。这卷经的最后部分，佛开始宣说"无上正修行路"，即修真三摩地之路。佛指出，修此真三摩地当先识众生世界二颠倒因，即众生颠倒和世界颠倒。有此两种颠倒，才有众生的十二类生。十二类生即卵生、胎生、湿生、化生、有色、无色、有想、无想、非有色、非无色、非有想、非无想。这是《楞严经》提出的特殊概念。

卷第八集中宣说了正修三摩地的内容。首先立三种渐次：一曰修习除其助因，即永断五种辛菜；二曰真修刳其正性，即严持清净戒律，断除淫心，不餐酒肉，不杀生；三曰增进违其现业，即心不缘尘，"皎然清净"。通过三种渐次的修行，就可达到"欲爱干枯""纯是智慧"的境地，名干慧地，由此就进入了修正三摩地的大门。进而，依次修行十信、十住、十行、十回向、四加行、十地以至等觉，而最终成就妙觉无上之道。这就是"五十五位真菩提路"，也名"正观"。

既然众生"妙明真净妙心本来遍圆"，是如来成佛真体，为什么会有"七趣"？所谓七趣，即地狱趣、鬼趣、畜生趣、人趣、仙趣、天趣、阿修罗趣。这也是《楞严经》提出的特有的概念。卷第八的最后部分和卷第九的前半部分，经文详述了七趣的成因及七趣所包含的内容。

自卷第九的后半部分，至卷第十，经文叙述了修三摩地的修行人所遭遇的五阴魔事。五阴即色、受、想、行、识。经文将修行人在三摩地中因受五阴所障而产生的五十种"邪见"或"狂解"，称之为"魔"。因魔作祟，修行人最终得不到正受、正知和圣解，从而堕入外道或无间狱中。只有五阴妄想消尽，六根互用，清净如"净琉璃"，修行人才能超越十信等五十五种修行阶位而"入如来妙庄严海，圆满菩提"。

在卷十的后半部分，佛还应阿难所问，回答了五阴同是妄想的"本因"，以及五阴"重叠生起"，故要"次第"消尽等内容。至此结束了"经宗分"。卷十的最后一小节即所谓"经益分"，即全经的结束语。

以上就是《楞严经》全经的内容梗概。不难看出，经文的前半部分，即卷一至卷六的内容主要是佛教理论方面的阐述，而卷七至卷十则着重讲述修行方面的内容。同时还可以看到，《楞严经》所涉及的佛教教义的范围是相当广泛的，大乘佛教理论的一切基本的概念和范畴，几乎无所不包。这在其他大乘佛教的单译经中是绝少见到的。也正是因为这种原因，《楞严经》受到佛门弟子的特别重视。

那么，《楞严经》这部大乘佛教的重要经典在教理和修持两方面，到底提出了哪些主要的佛教思想呢？这个问题也是历代注疏家们特别关心和着重探讨的问题。下面，笔者根据《楞严正脉》的观点对此做概略的引述，以供研读者参考。《楞严正脉》把《楞严经》对大乘佛教理论和实践两方面的贡献概括为如下十条：

（一）毕竟废立——即彻底的废权显实。《法华经》已经提出了"开权显实"的思想，但并非毕竟废权，而直至《楞严经》才显毕竟废立之实。《楞严经》指出："一切众生生死相续，皆由不知常住真心"，而"用诸妄想"。由此提出两种根本：即生死根本，指妄想；菩提涅槃，指常住真心。一切权教都因不知两种根本，而错以识心为本，不离生死，结果其修行就如同"煮沙欲成嘉馔"。只有破除识心，直显常住真心，才能得到实证。

（二）直指知见——即直开佛的知见。佛的知见即众生性具本有之知见，佛即知见。唯有《楞严经》指出，知见即六根之性，所谓"使汝轮回生死结根，唯汝六根"

"汝复欲知无上菩提……亦汝六根"。六根拔尽，即是佛之知见，即"知见无见，斯即涅槃"。

（三）发挥实相——《法华经》已提出诸法实相的思想，但未及显彰何为实相。《楞严经》所显如来藏性即是究诸法实相；明七大藏性，清净本然，周遍法界，也是究诸法实相等。

（四）改无常见——《法华经》以前，佛多说无常，如身有生死，心有去来，界有成坏……从而造成三界实有，生灭非虚，使万法唯心转而变得隐没沉晦了。《楞严经》首先指出见性唯心，从而备显不动、不灭、不失、不还等义。进而广彰六入、十二处、十八界、七大，皆是常住妙明不动周圆妙真如性，从而显世性常住之义。

（五）引入佛慧——《法华经》讲佛慧，但只是名字而实无例义。《楞严经》首请三一圆融之大定；讲于一毛端现宝王刹及坐微尘里转大法轮，这些都是事事无碍之义，是《华严》极旨。原其始也，从佛慧中流出差别之慧，从而成就一切权宗；要其终也，再会诸差别之慧悉入佛慧海中，以成一真实际。《法华经》开佛慧之端，而《楞严经》方竟其意。

（六）示真实定——外道、凡夫、小乘及权教菩萨，皆各有定，但非究竟，因其所依定体皆非真实心。《楞严经》首破之，而曰："纵灭一切见闻觉知，内守幽闲，犹为法尘分别影事。"这些外道及诸权教的修学之人皆不能断尽烦恼，而成就阿罗汉，皆是由于执妄想误为真实的缘故。他们以六识为心，在欲界，此心恶则三涂（即三恶趣：地狱、饿鬼、畜生），此心善则人天；在色界，其心散则下沦，定则上升。诸小乘人心伏则界内，断灭则界外。凡夫外道定心消失必坠入轮回，小乘虽坠落，但再无进益。不舍生灭迷心，终不能修如来真实大定。《楞严经》教诸修行人修楞严大定，以取实果。

（七）直指人心——《楞严经》始终纯指人心，别无余事。阿难初请妙奢摩他，佛不谈定力而即破妄想心指真心，显真心即大定之全体；富楼那问相续之性，以辨万法，佛显万法一心之大用；佛叙七趣而表其根于心而有内分外分；佛辨五魔而明其为心之邪解、邪悟。离心了无一法。无粗无细，一切皆心；任凡任圣，更无别物。直指人心岂有过于斯经者？

（八）双示两门——两门即平等、方便二门。何为平等，即一心万法，平等一相，即所谓真妄、虚实、邪正、是非等一切差别之相皆不可得，一法界内唯有一真实相，诸妄本空。何为方便，即真虽本有，而迷之已久，不方便显之则终不能见；妄虽本空而执之已深，不方便破之则终不能觉。《楞严经》在奢摩他中二门双用。先用方便决择真妄，后用平等普融真妄。方便为从入之妙门，平等为趣圆融之极果。

（九）极劝实证——《楞严经》指出有三种懈怠：一者好务多闻，不求实证；二者但恃他力，求他力加彼而怠于自修；三者自持天真，不假修证。佛曲开巧修之门，详列历证之位，导其进入深证，直抵实果而后已。

（十）严护邪思——因欲坑深广，见网重繁，极难颖脱。故佛在此经中，自始至终，由狭向宽，始终警戒邪思。切责多闻，不如一日修无漏定；深责阿难强记，不免邪思；严持四种律仪，围坛诵念神咒，皆是驱邪思使无所容，护正觉令无所扰。五十五修行阶位，位位证真而始终无退；辨五阴魔事则戒其勿起邪悟等。

以上十条是《楞严正脉》关于《楞严经》主要佛教思想的概括。这一概括是不是非常准确和全面，笔者不好再做评述，但至少对后学者是极有启发和说服力的。

从上述关于《楞严经》的内容解说中，我们不难知道《楞严经》是一部什么样的佛典。它的包罗丰富的佛学内容，使它成为一部不可多得的佛学入门书；它所提出的种种阐述佛学极旨的佛教思想又成为中国佛教各宗派发挥自己佛教学说的理论根据之一。同时，这部佛经所讲述的内容又是那样的细致和具体，从四禅到四种律仪；从三种渐次到五十五位菩萨行；从设坛建道场，到诵念神咒，把修行者如何修行和修行的步骤，以及修行中可能会产生的五十种邪悟等，一一告诫给每一位佛门学子。正如明末的著名高僧憨山德清所云："夫《首楞严经》者，乃诸佛之秘藏，修行之妙门，迷悟之根源，真悟之大本。"③像《楞严经》这样的既有深邃的理论，又具体指导修行实践的佛门经典，在释氏众多的经典中是不多见的。正因为这样就引起部分佛教学者的怀疑，似乎在一部仅只十卷的佛经中包含有如此丰富的内容是不可思议的，从而怀疑这一定是有那么一位大手笔于中做了手脚，于是诸如伪经一类的责难就接踵而来。由此使我们联想到另一部对中国佛教有重要影响的佛典《大乘起信论》。《起信论》是被中国佛教学界一致肯定的一部重要经典。近代名僧印顺法师认为："中国佛教的传统思想是和《起信论》一致的。"④吕澂先生也说："隋唐时代的禅、天台、贤首等宗教思想都受到《起信》的真觉本心的影响。"⑤就是这样一部对中国佛教同样具有重要意义的佛典，也如同《楞严经》一样被指斥为"伪经"，其命运何其相似！但是，《楞严经》，包括《起信论》，它们对中国佛教的影响及其所确立的地位已是无法改变的事实。因此，那些从怀疑而引发的种种议论，对佛教和佛门弟子事实上是没有意义的。

注释

①吕澂《楞严百伪》,《吕澂佛学论著选集》第一册三七〇页,山东齐鲁书社,一九九一年版。

②太虚《大佛顶首楞严经摄论》上卷,上海中华书局,一九一八年版。

③明憨山德清《首楞严经悬镜序》,见《憨山大师梦游全集》卷四十一。

④印顺《大乘起信论讲记》。

⑤吕澂《起信与禅》。

参考书目

1.《首楞严义疏注经》宋·子璇

2.《大佛顶首楞严经正脉疏》明·真鉴

3.《大佛顶首楞严经疏解蒙钞》清·钱谦益

4.《楞严悬镜》明·德清

5.《楞严摸象记》明·袾宏

6.《大佛顶首楞严经摄论》太虚

7.《吕澂佛学论著选集》第一册 吕澂

8.《现代佛教学术论集》第三十三册 张曼涛

9.《佛教经典总论》（日）小野玄妙

10.《佛教与中国文化的关系》赵朴初

11.《印度宗教与中国文化》黄心川等

12.《大乘起信论述评》杜继文

13.《佛学大辞典》丁福保

14.《宗教词典》任继愈主编

出版后记

　　星云大师说："我童年出家的栖霞寺里面，有一座庄严的藏经楼，楼上收藏佛经，楼下是法堂，平常如同圣地一般，戒备森严，不准亲近一步。后来好不容易有机缘进到藏经楼，见到那些经书，大都是木刻本，既没有分段也没有标点，有如天书，当然我是看不懂的。"大师忧心《大藏经》卷帙浩繁，又藏于深山宝刹，平常百姓只能望藏兴叹；藏海无边，文辞古朴，亦让人望文却步。在大师倡导主持下，集合两岸近百位学者，经五年之努力，终于编修了这部多层次、多角度、全面反映佛教文化的白话精华大藏经——《中国佛教经典宝藏》，将佛教深睿的奥义妙法通俗地再现今世，为现代人提供学佛求法的方便途径。

　　完整地引进《中国佛教经典宝藏》是我们的夙愿，

三年来，我们组织了简体字版的编审委员会，编订了详细精当的《编辑手册》，吸收了近二十年来佛学研究的新成果，对整套丛书重新编审编校。需要说明的是此次出版将丛书名更改为《中国佛学经典宝藏》。

佛曰：一旦起心动念，也就有了因果。三年的不懈努力，终于功德圆满。一百三十二册，精校精勘，美轮美奂。翰墨书香，融入经藏智慧；典雅庄严，裹沁着玄妙法门。我们相信，大师与经藏的智慧一定能普应于世，济助众生。

东方出版社

328

图书在版编目（CIP）数据

楞严经／李富华 释译. —北京：东方出版社，2015.9
（中国佛学经典宝藏）
ISBN 978-7-5060-8563-2

Ⅰ.①楞… Ⅱ.①李… Ⅲ.①大乘—佛经 ②《楞严经》—注释 ③《楞严经》—译文 Ⅳ.①B942.1

中国版本图书馆 CIP 数据核字（2015）第 267819 号

楞严经
（LENGYANJING）
释 译 者：李富华
责任编辑：夏旭东
出　　版：东方出版社
发　　行：人民东方出版传媒有限公司
地　　址：北京市西城区北三环中路 6 号
邮　　编：100120
印　　刷：北京明恒达印务有限公司
版　　次：2016 年 6 月第 1 版
印　　次：2022 年 5 月第 3 次印刷
开　　本：880 毫米×1230 毫米　1/32
印　　张：11
字　　数：154 千字
书　　号：ISBN 978-7-5060-8563-2
定　　价：53.00 元
发行电话：（010）85924663　85924644　85924641